公路工程造价标准化管理丛书

广东省公路工程造价标准化管理指南

第三册　实施阶段造价标准文件

广东省交通运输厅　组织编写

U0371160

人民交通出版社股份有限公司

北京

内 容 提 要

本指南对广东省公路建设项目造价标准化的组织管理、程序管理、质量管理、信用管理、档案管理、信息化建设和数据管理等内容作出了明确要求，规范了造价文件的编制依据、原则、要求、组成，统一了公路建设项目从投资估算到竣工决算的各类造价文件基本样式，明确了公路项目在建设各阶段的造价工作内容和管控重点。本指南是公路建设项目全过程标准化造价管理的集成性成果，为实现公路建设项目全过程造价规范化、数字化提供技术和管理基础。

本书是第三册，为实施阶段的造价标准文件，包括合同工程量清单文件、计量与支付文件、变更费用文件、造价管理台账、工程结算文件、竣工决算文件、造价执行情况报告等。

本指南是广东省公路工程建设造价管理、设计计价、咨询审价、施工算价的工作指南，供广东省交通运输行业主管部门、公路项目参建单位和参建人员使用，也可供公路建设从业者以及其他行业的造价人员参考。

图书在版编目(CIP)数据

广东省公路工程造价标准化管理指南. 第三册，实施阶段造价标准文件 / 广东省交通运输厅组织编写. — 北京：人民交通出版社股份有限公司，2023.1

ISBN 978-7-114-18334-8

Ⅰ. ①广… Ⅱ. ①广… Ⅲ. ①道路工程—造价管理—标准化管理—广东—指南 Ⅳ. ①U415.13-65

中国版本图书馆 CIP 数据核字(2022)第 211845 号

Guangdong Sheng Gonglu Gongcheng Zaojia Biaozhunhua Guanli Zhinan
Di-san Ce Shishi Jieduan Zaojia Biaozhun Wenjian

书　　名：广东省公路工程造价标准化管理指南　第三册　实施阶段造价标准文件
著 作 者：广东省交通运输厅
责任编辑：朱明周
责任校对：刘　芹
责任印制：张　凯
出版发行：人民交通出版社股份有限公司
地　　址：(100011) 北京市朝阳区安定门外外馆斜街 3 号
网　　址：http://www.ccpcl.com.cn
销售电话：(010) 59757973
总 经 销：人民交通出版社股份有限公司发行部
经　　销：各地新华书店
印　　刷：北京市密东印刷有限公司
开　　本：889 × 1194　1/16
印　　张：14.5
字　　数：314 千
版　　次：2023 年 1 月　第 1 版
印　　次：2023 年 1 月　第 1 次印刷
书　　号：ISBN 978-7-114-18334-8
定　　价：72.00 元
(有印刷、装订质量问题的图书，由本公司负责调换)

《广东省公路工程造价标准化管理指南》编审委员会

主编单位：广东省交通运输工程造价事务中心

参编单位：众为工程咨询有限公司

珠海纵横创新软件有限公司

主　　审：黄成造

审查人员：张钱松　王　璜　管　培　汪　洁

蔚三艳　江　超　骆健庭　张　栋

张学龙　阙云龙　冯维健　陈潮锐

赖兆平　郑　双　陈琦辉

主　　编：王燕平

副 主 编：张　帆　易万中

参编人员：郭卫民　肖梅峰　郑宇春　黄燕琴

吴　攸　石　陶　樊宏亮　曾星梅

陈成保　罗小兰　罗　燕　冯思远

姚　毅　杨　媛　谭玉堂　刘　飞

PREFACE 前　言

《交通强国建设纲要》明确提出，交通建设要坚持新发展理念，坚持推动高质量发展，坚持以供给侧结构性改革为主线，坚持以人民为中心的发展思想，推动交通发展由追求速度规模向更加注重质量效益转变。广东省作为交通强国建设试点省，在推进交通基础设施高质量发展、智慧交通建设等方面提出了更高的目标要求。为全面推进现代工程管理，推动公路建设项目全过程造价管理系统化、规范化、数字化，提升交通行业公路建设项目造价管理水平，进一步健全公路现代化管理体系，在广东省高速公路建设项目全面推行工程造价标准化管理多年经验成果的基础上，广东省交通运输厅组织广东省交通运输工程造价事务中心等单位编制完成了《广东省公路工程造价标准化管理指南》并于2022年12月30日发布施行。

本指南系在2011年《广东省高速公路建设标准化管理指南（工程造价标准化管理）（试行）》的基础上，调研广东省公路建设项目管理现状，结合现行和正在制（修）订的有关管理文件和标准规范，全面、系统总结10多年来广东省公路建设造价标准化管理方面的实践经验，经广泛征求意见后，多次修改、完善、提炼成稿。本指南以目标和问题为导向，秉承“依法管价，科学计价，合理定价，阳光造价”的管理理念，坚持管理与技术相结合，兼顾规范性、指导性、实用性和先进性，体现可复制、可借鉴、可推广的交通建设工程造价标准化管理需求，与广东省已发布的公路项目建设管理制度和计价标准配套使用。

本指南对公路建设项目造价标准化的组织管理、程序管理、质量管理、信用管理、档案管理、信息化建设和数据管理等内容作出了明确要求，与现行公路工程有关管理文件和标准规范实现有效衔接，规范了造价文件编制依据、原则、要求、组成，统一了公路建设项目从投资估算到竣工决算的各类造价文件的基本样式，明确了公路建设项目在各阶段的造价管理工作内容和工作重点，为实现公路建设项目全过程造价文件标准化、管理规范化、数据数字化提供技术遵循，助推广东省公路建设高质量发展。

本指南分三册。第一册为管理要求，由 10 章和 3 个附录组成，包含总则、术语、基本规定、造价文件体系、造价项目组成、项目建议书及可行性研究阶段造价管理、设计阶段造价管理、招投标阶段造价管理、施工阶段造价管理、竣（交）工阶段造价管理、附录 A 全过程造价文件报送及采集要求、附录 B 广东省公路工程全过程造价管理标准费用项目表、附录 C 广东省公路工程造价管理相关文件和标准发布情况表。第二册为前期阶段的造价标准文件，包括投资估算文件、设计概算文件、施工图预算文件、招标工程量清单文件及招标清单预算文件。第三册为实施阶段的造价标准文件，包括合同工程量清单文件、计量与支付文件、变更费用文件、造价管理台账、工程结算文件、竣工决算文件、造价执行情况报告。

本指南的管理权归属广东省交通运输厅，日常解释和管理工作由广东省交通运输工程造价事务中心负责。请各有关单位注意在实践中总结经验，及时将发现的问题和修改建议反馈至广东省交通运输工程造价事务中心（地址：广东省广州市越秀区白云路 27 号广东交通大厦，邮政编码：510101），以便修订时研用。

广东省交通运输厅

2023 年 1 月

CONTENTS 目录

1

合同工程量清单文件

××工程第××合同段

合同工程量清单

编制单位：

编制时间：××××年××月××日

（封面）

××工程第××合同段

合同工程量清单

发 包 人：　　　（单位盖章）

承 包 人：　　　（单位盖章）

编制时间：××××年××月××日

（扉页）

目　录

工程量清单说明
（示例）

1　工程量清单说明

1.1　本工程量清单根据招标文件中包括的、有合同约束力的图纸以及有关工程量清单的国家标准、行业标准、合同条款中约定的工程量计算规则编制。约定计量规则中没有的子目，其工程量按照有合同约束力的图纸所标示尺寸的理论净量计算。计量采用中华人民共和国法定计量单位。

1.2　本工程量清单应与招标文件中的投标人须知、通用合同条款、专用合同条款、计量支付规则及图纸等结合起来理解或解释。

1.3　本工程量清单中所列工程数量是估算的或设计的预计数量，仅作为投标报价的共同基础，不能作为最终结算与支付的依据。实际支付应按实际完成的工程量，由承包人按计量支付规则规定的计量方法，以监理人认可的尺寸、断面计量，按本工程量清单的单价或总额价计算支付金额；或者根据具体情况，按合同条款第15.4款的规定，由监理人确定的单价或总额价计算支付额。

1.4　本工程量清单各章是按“计量支付规则”的相应章次编号的，因此，工程量清单中各章的工程子目的范围与计量等应与“计量支付规则”相应章节的范围、计量与支付条款结合起来理解或解释。各章内子目号、子目名称、单位根据我省的实际情况进行调整、补充和修改，编号的基本规则如下：

（1）子目号全部使用数字，子目名称所对应的子目号具有唯一性。

（2）子目在不同章、节之间调整的，按照调整后所属的章、节重新编排；补充同一级子目的，接续原同级子目号依次增加；补充下一级子目的，自阿拉伯数字“1”开始依次增加。

（3）补充下一级子目的，首先按结构类型、部位、厚度等划分子目，在已按结构类型、部位、厚度等确定的子目下再补充下一级子目的，则按混凝土（或钢筋、浆砌体等）标号、直径、型号、规格、种类等划分。

（4）名称中具有数字的子目应自上至下由小到大编排。

具体划分可参考工程量清单标准格式中“备注栏”的说明。

1.5　对作业和材料的一般说明或规定，未重复写入工程量清单内，在给工程量清单各子目标价前，应参阅“计量支付规则”的有关内容。

1.6　工程量清单中所列工程量的变动，丝毫不会降低或影响合同条款的效力，也不免除承包人按规定的标准进行施工和修复缺陷的责任。

1.7　图纸中所列的工程数量表及数量汇总表仅用于提供资料，不作为工程量清单的外延。当图纸与工程量清单所列数量不一致时，以工程量清单所列数量作为报价的依据。

2　投标报价说明

2.1　工程量清单中的每一子目须填入单价或价格，且只允许有一个报价。

2.2　除非合同另有规定，工程量清单中有标价的单价和总额价均已包括了为实施和完成合同工程所需的劳务、材料、机械、质检（自检）、安装、缺陷修复、管理、保险、税费、利润等费用，以及合同明示或暗示的所有责任、义务和一般风险。

2.3　工程量清单中投标人没有填入单价或价格的子目，其费用视为已分摊在工程量清单中其他相关子目的单价或价格之中。承包人必须按监理人指令完成工程量清单中未填入单价或价格的子目，但不能得到结算与支付。

2.4　符合合同条款规定的全部费用应认为已被计入有标价的工程量清单所列各子目之中，未列子目不予计量的工作，其费用应视为已分摊在本合同工程的有关子目的单价或总额价之中。

2.5　承包人用于本合同工程的各类装备的提供、运输、维护、拆卸、拼装等支付的费用，已包括在工程量清单的单价与总额价之中。

2.6　保险费的投保金额为工程量清单第100章（不含安全生产经费、建筑工程一切险及第三方责任险的保险费、暂定金额的总计，机电工程招标时不含设备购置费）至第900章的合计金额，保险费率为××‰。工程量清单第100章内列有保险费的支付子目，投标人根据此保险费率计算出保险费，填入工程量清单。该保险费一般指建筑工程一切险及第三者责任险，除此以外，所投其他保险的保险费均由承包人承担并支付，不在报价中单列。

2.7　工程量清单中各项金额均以人民币（元）结算。

2.8　暂列金额、暂估价的数量及拟用子目的说明：在工程量清单中标明的暂定金额（一般有三种方式：计日工、专项暂估价与一定百分率的暂列金额）是可能发生、也可能不发生的、招标时难以确定的金额，均按《公路工程标准施工招标文件（2018年版）》有关合同条款的规定办理。投标价中包括三项暂定金额，是表明投标人一旦中标后，对此有合同义务。暂列金额视具体项目情况一般不超过第100～第900章的5%，特殊项目（施工承包风险较大、不确定因素较多的项目）宜不超过10%。除合同另有规定外，应由监理工程师按《公路工程标准施工招标文件（2018年版）》合同条款的有关规定，结合工程具体情况，报经发包人批准后指令全部或部分地使用，或者根本不予动用。

3. 计日工说明

参照《公路工程标准施工招标文件（2018年版）》相关内容。

4. 其他说明

……

项 目 清 单

建设项目名称：

合同段：

编制范围：

第　页　共　页　　合同清单 1 表

工程或费用编码	清单子目编码	工程或费用名称（或清单子目名称）	单位	数量 1	数量 2	单价 1（元）	单价 2（元）	合价（元）	各项费用比例（%）	备注

编制：　　复核：

工程量清单-总表

建设项目名称：

合同段：

编制范围：

合同清单 2 表

序号	清单子目编码	清单子目名称	金额（元）
1	100	100 章　总则	
2	200	200 章　路基工程	
3	300	300 章　路面工程	
4	400	400 章　桥梁、涵洞工程	
5	500	500 章　隧道工程	
6	600	600 章　交通安全设施	
7	700	700 章　绿化及环境保护工程	
8	800	800 章　管理、养护设施	
9	900	900 章　管理、养护及服务房屋	
10	1000	1000 章　其他工程	
	……	……	
		填表说明： 材料、工程设备、专业工程暂估价已包含在各章合计中，不应重复计入总价。	
	001	各章合计	
	002	计日工合计	
	003	已包含在各章合计中的材料、工程设备、专业工程暂估价合计	
	004	暂列金额	
	005	总价 005 = 001 + 002 + 004	

编制：　　　　复核：

工程量清单-一级子目清单表

建设项目名称：　　　　　　　　　　合同段：

编制范围：　　　　　　　　　　第　页　共　页　　**合同清单 2-1 表**

100 章　总　则

清单子目编码	清单子目名称	单　位	数　量	单价（元）	合价（元）
		填表说明： 1. 本表仅示例了第 100 章填写格式，其他章节参照使用。 2. 公路房建工程同时编有子目编码和项目特征编码时，可在子目编码列右侧插入列填写项目特殊编码，格式参照合同清单 2-1-1 表（房）。			
清单　第 100 章　合计　　人民币					

编制：　　　　　　　　　　复核：

工程量清单（公路房建工程适用）

建设项目名称：

编制范围：

合同清单 2-1-1 表（房）

900 章　管理、养护及服务房屋

清单子目编码	项目特征编码	子目名称	项目特征	单位	数量	单价（元）	合价（元）
901		土石方工程					
901-1	010101	平整场地					
901-1-1	010101001	平整场地	1. 土壤类别： 2. 工作内容：	m^2			
901-2	010101	土方开挖					
901-2-1	010101002	挖一般土方	1. 土壤类别： 2. 挖土方式：	m^3			
901-2-2	010101003、010101004	挖沟槽、基坑土方	1. 土壤类别： 2. 挖土方式：	m^3			
901-2-3	010101006	挖淤泥、流沙		m^3			
901-3	010102	石方开挖					
901-3-1	010102001	挖一般石方	1. 岩石类别： 2. 挖土方式：	m^3			
901-3-2	010102002、010102003	挖沟槽、基坑石方	1. 岩石类别： 2. 挖土方式：	m^3			
901-4	010103	回填					
901-4-1	010103001	回填土	1. 夯填方式： 2. 压实度：	m^3			
901-4-2	010103001	回填砂	1. 填方材料品种：	m^3			
901-4-3	010103001	回填碎石	1. 填方材料品种：	m^3			

工程量清单（公路房建工程适用）

建设项目名称：

编制范围：

续上表

900 章　管理、养护及服务房屋

清单子目编码	项目特征编码	子目名称	项目特征	单位	数量	单价（元）	合价（元）
901-4-4	010103001	回填石屑	1. 填方材料品种：	m^3			
901-5	010103	余方弃置					
		填表说明： 本表仅适用于房建工程。					
清单第 900 章　合计　人民币							

编制：　　　　　　　　　　复核：

计 日 工 表

建设项目名称：　　　　　　　　　　　　合同段：

编制范围：　　　　　　　　　　　　第　页　共　页　　　　合同清单 2-2 表

子目编码	子目名称	单　位	暂定数量	单价（元）	合价（元）
002	计日工				
002-1	劳务				
002-1-1	班长	h			
002-1-2	普通工	h			
	……				
002-2	材料				
002-2-1	钢筋	kg			
002-2-2	水泥	kg			
	……				
002-3	施工机械				
002-3-1	装载机				
002-3-1-1	1.5m^3 以下	h			
002-3-1-2	1.5～2.5m^3	h			
002-3-1-3	2.5m^3 以上	h			
	……				
计日工合计：________元					

编制：　　　　　　　　　　　　　　　　复核：

暂估价表

建设项目名称：　　　　　　　　　　合同段：

编制范围：　　　　　　　　　　第　页　共　页　　　　合同清单 2-3 表

序　号	子目编码	子目名称	单　位	数　量	单价（元）	合价（元）	备　注
003		暂估价					主要指由建设单位采购或承包人采购但无法确定价格的成品材料
		材料					
		……		填表说明： 构成暂估价的具体材料、工程设备、专业工程的清单编制子目编码和名称，宜采用与100～1000章相同的规则。			
		……					
003-2		工程设备					主要指招标图纸设计不明确，价格暂时无法确定，但项目实施中必需的设备
		……					
		……					
003-3		专业工程					指在招标阶段暂时难以确定设计方案和价格的工程
		……					
		……					
暂估价合计：＿＿＿＿＿元							

编制：　　　　　　　　　　　　　　　　复核：

土地使用及拆迁补偿合同项目清单

建设项目名称：　　　　　　　　　　　　合同段：

编制范围：　　　　　　　　　　　　第　页　共　页　　　　合同清单 3 表（征拆）

工程或费用编码	征拆子目编码	工程或费用名称（或征拆子目名称）	单位	数量	单价（元）	合价（元）	备　注
1	2	3	4	5	6	7 = 5 × 6	
201		土地使用费	亩				
20101		永久征用土地	亩				
	……	……					
20102		临时用地	亩				
20103		水田占补平衡费	亩				
20104		耕地占补平衡费	亩				
……		……					
202		拆迁补偿费	公路公里				
20201		房屋及附属设施拆迁	m^2				
……							
20202		管线拆迁	km				
2020201		电力	km				
	……	……					
20203		其他拆迁费	公路公里				
203		其他补偿费	公路公里				
……							
总价							

填表说明：

1. 本表应按单一合同段逐一编制。
2. “工程或费用编码”和对应“工程或费用名称”按附录 B 填写。
3. “征拆子目编码”和对应“征拆子目名称”可结合项目土地使用及拆迁补偿合同具体内容按需填写，也可参照《国土空间调查、规划、用途管制用地用海分类指南（试行）》（自然资办发〔2020〕51 号）分类填写。
4. 本表费用计算以征拆合同数量为基础，为数量乘单价得出子项合价，各上级层次的工程合价为子项征拆费用汇总合计，合价除以各数量为单价。
5. 工程或费用编码和征拆子目编码应分行填写。

编制：

分 项 清 单

建设项目名称：　　　　　　　　　　合同段：

编制范围：　　　　　　　　　　　　　　　　　　第　页　共　页　　　合同清单4表

工程或费用编码	清单子目编码	工程或费用名称（或清单子目名称）	单位	数量1	数量2	单价1（元）	单价2（元）	合价（元）	各项费用比例（%）	备注
1		第一部分　建筑安装工程费	公路公里	5						
101		临时工程	公路公里	5		填表说明： 本表为承包、发包人共同确认的工程量清单，为标准费用项目、工程量清单子目、设计图纸工程量细目三级层次清单，项目及清单子目的编码、名称、单位采用本指南附录B和《广东省执行交通运输部〈公路工程标准施工招标文件范本〉（2009年版）的补充规定》中的有关内容，表中仅部分示例。				
10101		临时道路	km	2						
	103	临时工程与设施								
	103-1	临时道路								
	103-1-1	临时道路修建、养护与拆除	总额							
		新建便道	km	2						
		……								
102		路基工程	km	4.5						
10201		场地清理	km	4.5						
10202		清理与掘除	km/m^2	4.5	81000					
		设置位置								K0+000～K4+500
		设计图号								C-1-1
		……								
7		公路基本造价	公路公里	5						

编制：　　　　　　　　　　　　　　　　　　　　　　复核：

2

计量与支付文件

××公路工程××合同段
(K×× + ××× ~K×× + ×××)

计量与支付文件

第　　期
截止日期：××××年××月××日

编制单位：　　　　(盖章)

编制时间：××××年××月××日

(封面)

××公路工程××合同段

(K×× + ××× ~ K×× + ×××)

计量与支付文件

第　　期

截止日期：××××年××月××日

承 包 人：(单位盖章)

监 理 人：(单位盖章)

发 包 人：(单位盖章)

××××年××月××日

(扉页)

目　录

计 量 报 表

建设项目名称：　　　　　　　　　　合同段：

截止日期：　　　　　　　　　　编号：　　　　　　第　页　共　页　　　　计量1表

工程或费用编码	清单子目编码	工程或费用名称（或清单子目名称）	单位	合同数量	变更数量	变更后数量	单价（元）	本年累计完成		至本期末完成		至上期末完成		本期完成		备注
								数量	金额（元）	数量	金额（元）	数量	金额（元）	数量	金额（元）	
合计																

填表说明：

本阶段报表均应由承包人、发包人、监理人代表共同确认，按项目管理相关规定签署或盖章。

编制：　　　　　　　　　　　　　　　　　　复核：

计日工计量表

建设项目名称：　　　　　　　　　　合同段：

截止日期：　　　　　　　　　　编号：　　　　　第　页　共　页　　　　计量 2 表

序号	子目编码	子目名称	单位	合同数量	单价	本年累计完成		至本期末完成		至上期末完成		本期完成	
						数量	金额（元）	数量	金额（元）	数量	金额（元）	数量	金额（元）
合计													

编制：　　　　　　　　　　　　　　　　　　复核：

支付报表

建设项目名称：　　　　　　　　合同段：

截止日期：　　　　　　　　编号：　　　　　　第　页　共　页　　　　支付1表

工程或费用编码	清单子目编码	工程或费用名称（或清单子目名称）	合同金额（元）	变更增减金额（元）	变更后金额（元）	至本期末完成金额（元）	至上期末完成金额（元）	本期完成金额（元）

编制：　　　　　　　　复核：

本期合同价款实际支付表

建设项目名称：　　　　　　　　合同段：

截止日期：　　　　　　　　编号：　　　　　第　页　共　页　　　　支付 2 表

工程或费用名称	合同金额及变更金额（元）			至本期末完成金额（元）	至上期末完成金额（元）	本期完成金额（元）	备　注
	合同金额（元）	变更增减金额（元）	变更后金额（元）				
100 章　总则							
200 章　路基							
300 章　路面							
400 章　桥梁涵洞							
500 章　隧道							
600 章　交通安全设施							
700 章　绿化及环境保护							
800 章　管理养护设施							
900 章　管理养护及服务房屋							
1000 章　其他工程							
各章合计							
计日工							
价格调整							
工期拖延补偿							
奖金							
发包人违约金							
开工预付款							
材料工程设备预付款							

本期合同价款实际支付表

建设项目名称：　　合同段：

截止日期：　　编号：　　第　页　共　页　　续上表

工程或费用名称	合同金额及变更金额（元）			至本期末完成金额（元）	至上期末完成金额（元）	本期完成金额（元）	备　注
	合同金额（元）	变更增减金额（元）	变更后金额（元）				
其他发包人支付项							
……							
发包人索赔							
罚金							
承包人违约金							
开工预付款扣回							
材料工程设备预付款扣回							
质量保证金							
其他承包人支付项							
……							
实际支付							

编制：　　复核：

计日工支付表

建设项目名称：　　　　　　　　　　合同段：

截止日期：　　　　　　　　　　编号：　　　　第　页　共　页　　　　支付 3 表

序号	子 目 编 码	子 目 名 称	合同金额（元）	至本期末完成金额（元）	至上期末完成金额（元）	本期完成金额（元）	备注（批复文号）

编制：　　　　　　　　　　　　　　　　复核：

物价波动引起的价格调整支付表

建设项目名称：　　　　　　　　　　合同段：

截止日期：　　　　　　　　　　编号：　　　　第　页　共　页　　　　支付4表

计算公式及计算过程：

价格调整期号	价格调整批准文件名称、编码	本期价格调整时间范围	本期价格调整范围内完成货币工程量	至本期末支付（元）	至上期末支付（元）	本期支付（元）

编制：　　　　　　　　　　　　　　　　复核：

预付款支付与扣回表

建设项目名称：　　　　　　　　　　　　合同段：

截止日期：　　　　　　　　　　　　　　编号：　　　　第　页　共　页　　　　支付5表

序号	工程或费用名称	至本期末累计支付金额（元）	至上期末累计支付金额（元）	本期支付金额（元）	至本期末累计扣回金额（元）	至上期末累计扣回金额（元）	本期扣回金额（元）

编制：　　　　　　　　　　　　　　　　复核：

其他款项支付与扣回表

建设项目名称：　　　　　　　　　　　　合同段：

截止日期：　　　　　　　　　　　　编号：　　　　　　第　页　共　页　　　　支付 6 表

序号	工程或费用名称	批复文件名称、编码	批复金额合计（元）	至本期末累计支付（元）	至上期末累计支付（元）	本期支付（元）

编制：　　　　　　　　　　　　　　　　　　复核：

3

变更费用文件

3.1 变更费用文件（工程量清单形式）

××公路工程第××合同段
（K××+×××～K××+×××）

设计变更费用文件

（变更编号）

编制单位：　　　　（盖章）

编制时间：××××年××月××日

（封面）

××公路工程第××合同段

(K×× + ××× ~ K×× + ×××)

设计变更费用文件

(变更编号)

承 包 人：(单位盖章)

监 理 人：(单位盖章)

发 包 人：(单位盖章)

××××年××月××日

(扉页)

目　　录

变更项目清单

建设项目名称：　　　　　　　　　　　　合同段：

编制范围：　　　　　　　　　　　　　　变更编号：　　　　　第　页　共　页　　　　变更清单1表

工程或费用编码	清单子目编码	工程或费用名称（或清单子目名称）	单位	变更前			变更后			增减			备注
				数量	单价（元）	合价（元）	数量	单价（元）	合价（元）	数量	单价（元）	合价（元）	

编制：　　　　　　　　　　　　　　　　　　　　　　复核：

变更工程量清单-总表

建设项目名称：　　　　　　　　　　合同段：

编制范围：　　　　　　　　　　　　变更编号：　　　　　　　　　　变更清单 2 表

序号	子目编码	子 目 名 称	变更前金额（元）	变更后金额（元）	增减金额（元）
1	100	100 章　总则			
2	200	200 章　路基工程			
3	300	300 章　路面工程		填表说明：材料、工程设备、专业工程暂估价已包括在各章合计中，不应重复计入总价。	
4	400	400 章　桥梁、涵洞工程			
5	500	500 章　隧道工程			
6	600	600 章　交通安全设施			
7	700	700 章　绿化及环境保护工程			
8	800	800 章　管理、养护设施			
9	900	900 章　管理、养护及服务房屋			
10	1000	1000 章　其他工程			
	……	……			
	001	各章合计			
	002	计日工合计			
	003	已包含在各章合计中的材料、工程设备、专业工程暂估价合计			
	004	暂列金额			
	005	总价 005 = 001 + 002 + 004			

编制：　　　　　　　　　　　　　　　　　　　　　　　　复核：

变更工程量清单-一级子目清单表

建设项目名称：　　　　　　　　　　合同段：

编制范围：　　　　　　　　　　变更编号：　　　　第　页　共　页　　　　变更清单 2-1 表

清单子目编码	清单子目名称	单位	变更前			变更后			增减			备注
			数量	单价（元）	合价（元）	数量	单价（元）	合价（元）	数量	单价（元）	合价（元）	

编制：　　　　　　　　　　　　　　　　　　复核：

变更新增清单子目单价表

建设项目名称：　　　　　　　　　　　　合同段：

编制范围：　　　　　　　　　　　　　　变更编号：　　　　第　页　共　页　　　　变更清单 2-2 表

清单子目编码	清单子目名称	单位	申　报			批　复			备　注
			数量	单价（元）	合价（元）	数量	单价（元）	合价（元）	
1	2	3	4	5	6 = 4 × 5	7	8	9 = 7 × 8	10

编制：　　　　　　　　　　　　　　　　　　　　　　复核：

变更分项清单

建设项目名称：　　　　　　　　合同段：

编制范围：　　　　　　　　　　变更编号：　　　　第　页　共　页　　　　变更清单3表

工程或费用编码	清单子目编码	工程或费用名称（或清单子目名称）	单位	变更前			变更后			增减			备注
				数量	单价（元）	合价（元）	数量	单价（元）	合价（元）	数量	单价（元）	合价（元）	

编制：　　　　　　　　　　　　　　　　　　复核：

3.2 变更费用文件（概预算形式）

3.2.1 编制文件

××公路工程设计变更概（预）算

(K×× + ××× ~ K×× + ×××)

（变更编号）

编制单位：　　　　（盖章）

编制时间：××××年××月××日

（封面）

××公路工程设计变更概（预）算

(K×× + ××× ~ K×× + ×××)

(变更编号)

编 制 人：　　（签字并盖章）

复 核 人：　　（签字并盖章）

编制单位：　　（盖章）

编制时间：××××年××月××日

（扉页）

目　录

变更费用对比表

建设项目名称：

编制范围：　　　　　　　　　　变更编号：　　　　　　第　页　共　页　　　**变更概（预）1 表**

工程或费用编码	工程或费用名称	单位	变更前			变更后			变更增（减）			备注
			数量	金额（元）	技术经济指标	数量	金额（元）	技术经济指标	数量	金额（元）	技术经济指标	
1	2	3	4	5	6	7	8	9	10 = 7 − 4	11 = 8 − 5	12 = 11/10	13

编制：　　　　　　　　　　　　　　　　　　　　　　　　　　复核：

变更人工、材料、设备、机械的数量、单价对比表

建设项目名称：

编制范围：　　　　变更编号：　　　　第　页　共　页　　　　变更概（预）2 表

序号	编码	名　称	单位	变　更　前			变　更　后			变更增（减）			备注（规格）
				数量	单价（元）	合价（元）	数量	单价（元）	合价（元）	数量	单价（元）	合价（元）	
1	2	3	4	5	6	7	8	9	10	11 = 8 − 5	12 = 9 − 6	13 = 10 − 7	14
		人工合计											
		材料合计											
		机械费合计											
		设备费合计											

编制：　　　　复核：

3.2.2 审核文件

设计变更概（预）算审核文件

（变更编号）

编制单位：　　　　（盖章）

编制时间：××××年××月××日

（封面）

设计变更概（预）算审核文件

（变更编号）

编 制 人：（签字并盖章）

复 核 人：（签字并盖章）

编制单位：（盖章）

编制时间：××××年××月××日

（扉页）

目　　录

××公路××设计变更概（预）算审核意见

我司对××（单位）编制的××公路××设计变更概（预）算进行了审核。

1. 初步设计批复情况

××年××月，××以《关于××公路××初步设计的批复》（粤交基〔×〕××号）批复该项目初步设计，路线长约××km，采用高速公路技术标准，路基宽度××m。批复初步设计总概算为××万元（含建设期贷款利息××万元）。

2. 施工图设计批复（或评审）情况

××年××月，××以《关于××公路××施工图设计审查意见的函》（粤交基函〔20××〕××号）和《关于××标段施工图设计审查意见的通知》（粤交基函〔20××〕××号）印发该项目施工图设计审查意见。

3. 建设各方、施工时间情况

该项目建设单位为××公司，××公司、××公司负责土建工程设计，××公司、××负责土建工程监理，××公司、××公司（主要写设计变更所在单位）等单位负责土建工程施工。工程项目于××年××月开工，变更工程主要位于××合同段。（已完工项目需填写：于××年××月建成通车，交工验收质量××）。

4. 设计变更建议上报确认情况、会议纪要或专家咨询意见、设计图纸和预算的编制情况

××公路××段变更前设计采用××方案。××年××月，××集团在××项目技术方案协调会上同意将××方案改为××方案，以方便通车后的日常维护和行车安全（见××集团××年××月会议纪要〔××〕）。××公司根据会议纪要精神，编制了设计变更图，并于××年××月编制了设计变更施工图预算。

5. 根据省有关变更管理规定，结合完工情况，我司对该设计变更概预算进行了审核，形成审核意见。

一、变更前设计情况

××互通位于××镇西南侧和××镇西侧，两镇交界处，被交道为××高速公路，中心桩号为K×× + ×××，原设计方案为单环形苜蓿叶方案。

××互通段落内××高速公路改扩建项目按单侧新建半幅设计，互通×、×、×匝道与××高速公路改扩建项目右幅（已建）相接，以加减速车道终点为设计界面，××、××匝道与××高速公路改扩建项目左幅（新建半幅）相接，以鼻端为设计界面。

原设计该互通××匝道桥采用××m 钢箱梁跨××高速公路，主线桥、××匝道桥均以两跨小跨径混凝土桥梁跨越××高速公路分离路基，桥墩立于两幅路基之间。

(1) 主线桥上跨××高速公路跨径采用××m 工字梁。

(2) ××匝道上跨××高速公路跨径采用××m 工字梁。

(3) ××匝道上跨××高速公路跨径采用××m 钢箱梁和工字梁，其中××m 为简支钢箱梁。

(4) ××匝道上跨××高速公路跨径采用×× + ×× + ×× + ××m 工字梁。

(5) ××匝道上跨××高速公路跨径采用××m 工字梁。

原设计包含××高速公路主线右幅拼宽段拼宽桥梁××m。

二、变更后设计情况

××互通形式不变，变更后界面调整为匝道与××高速公路改扩建项目交汇的鼻端位置，匝道×、×等×条匝道局部平、纵面线形调整。

互通主线桥、×匝道桥均以一跨大跨径钢结构桥梁跨越××高速公路整体路基，××匝道以两跨钢结构桥梁跨越××高速公路整体路基，并在××高速公路路基中分带内设置桥墩，增加钢箱梁桥的抗倾覆能力。特殊桥跨变化如下：

(1) 主线桥上跨××高速公路跨径采用××m 钢混组合梁和工字梁，其中××m 为简支钢混组合梁。

(2) ××匝道上跨××高速公路跨径采用××m 钢箱梁和工字梁，其中××m 为简支钢箱梁。

(3) ××匝道上跨××高速公路跨径采用××m 钢箱梁和工字梁，其中××m 为简支钢箱梁。

(4) ××匝道上跨××高速公路跨径采用××16m 钢箱梁和工字梁，其中××m 为连续钢箱梁。

(5) ××匝道上跨××高速公路跨径采用××m 钢混组合梁和工字梁，其中××m 为简支钢混组合梁。

三、变更增减主要工程数量

变更增减主要工程数量见表1。

变更增减主要工程数量 表1

工程名称	单位	变更前数量	增减数量	变更后数量

四、设计变更概（预）算审核意见

送审变更前设计概（预）算建安费为××万元，变更后设计施工图概（预）算建安费为××万元，变更后设计对比变更前设计增加施工图概（预）算建安费为××万元。审核意见如下：

（一）变更前设计概（预）算

送审变更前设计施工图预算按2018版概预算编制办法进行编制；采用的工程量只有设计单位编制的原施工图设计图纸的波形护栏预埋件数量，漏计波形护栏费用；人工、材料单价及费率与业主招标清单预算一致；审核预算采用2018版概预算编制办法及广东省有关规定编制，参照原施工图设计数量核定预算数量，考虑大、中桥中央分隔带波形护栏未包含在交通安全设施施工图设计中，波形护栏的数量按实际完成的该类变更大中桥桥长数量综合核定；人工、材料单价及费率与业主招标清单预算一致。

综合调整后，核定变更前设计施工图预算建安费为××万元，对比送审费用××万元增加××万元。

（二）变更后设计概（预）算

送审变更后设计施工图预算按2018版概预算编制办法进行编制；采用的工程量为设计单位编制的施工图变更设计图纸数量，但数量有误；人工、材料单价及费率与业主招标清单预算一致。审核预算采用2018版概预算编制办法规定及省有关规定编制，变更数量按实际完成的波形护栏改混凝土防撞栏的大、中桥数量核定，人工、材料单价及费率与业主招标清单预算一致。

综合调整后，核定变更后设计施工图预算建安费为××万元，对比送审减少××万元。

（三）变更前后增减费用

审核核定××公路××段全线大中桥中央分隔带波形梁护栏改混凝土防撞栏设计变更预算建安费为××万元，变更前设计施工图预算建安费为××万元，变更后设计减少施工图预算建安费为××万元。对比送审设计变更增加费用××万元减少××万元（详见附件）。

五、需说明事项

……

附件：1. 设计变更概（预）算审核表

2. 设计变更工程数量核查表

××公司（盖章）

××年××月××日

设计变更概（预）算审核表

建设项目名称：

编制范围：　　　　　　　　　　变更编号：　　　　　　　　　　变更概（预）审 1 表

工程或费用编码	工程或费用名称	单位	编制		调整		审核	
			数量	金额（元）	增减数量	金额（元）	数量	金额（元）
1	2	3	4	5	6	7	8 = 4 + 6	9 = 5 + 7
一、变更前设计预算								
	第一部分 建筑安装工程费	公路公里						
	……							
102	路基工程	km						
10201	场地清理	km						
1020101	清理与掘除	km/m^2						
	……							
1020102	挖除旧路面	m^3/m^2						
102010201	挖除水泥混凝土面层	m^3/m^2						
102010202	挖除沥青混凝土面层	m^3/m^2						
102010203	挖除碎（砾）石路面	m^3/m^2						
	……							
二、变更后设计预算								
	第一部分 建筑安装工程费	公路公里						
	……							
102	路基工程	km						
10201	场地清理	km						
1020101	清理与掘除	km/m^2						
	……							

设计变更概（预）算审核表

建设项目名称：

编制范围：　　　　　　　　　　　　　　变更编号：　　　　　　　　　　　　　　续上表

工程或费用编码	工程或费用名称	单位	编制		调整		审核	
			数量	金额（元）	增减数量	金额（元）	数量	金额（元）
1020102	挖除旧路面	m^3/m^2						
102010201	挖除水泥混凝土面层	m^3/m^2						
102010202	挖除沥青混凝土面层	m^3/m^2						
102010203	挖除碎（砾）石路面	m^3/m^2						
	……							
	三、变更增（减）费用							

编制：　　　　　　　　　　　　　　　　　　　　　　　　复核：

设计变更工程数量核查表

建设项目名称：

编制范围：　　　　　　　　　　变更编号：　　　　　　　　　　变更概（预）审2表

工程或费用编码	工程或费用名称	单位	核查变更前数量	增（减）数量	核查变更后数量
1	2	3	4	5 = 6 − 4	6

编制：　　　　　　　　　　复核：

3.3 其他变更费用文件

××工程第××合同段

其他变更费用文件

编制单位：

编制时间：××××年××月××日

（封面）

××工程第××合同段

其他变更费用文件

承 包 人：（单位盖章）

监 理 人：（单位盖章）

发 包 人：（单位盖章）

××××年××月××日

（扉页）

目　录

材料价差调整统计表（采用信息价格法或实际采购价格法时）

建设项目名称：　　　　　　　　　　合同段：

编制范围：　　　　　　　　　　　　编制时间：　　　　　　　　　　价差 1 表

序号	编码	调整材料名称	调 整 时 间	价差调整费用（元）	备　注
合计					

填表说明：

1. 本表用于价差调整的合同价格调整。
2. 材料的编码按现行《公路工程预算定额》（JTG/T 3832）附录四的代号填写。
3. 表中数据来源于价差 1-1 表，其中调整时间反映调整起止时间段。

编制：　　　　　　　　　　　　　　　　　　　复核：

材料价差调整统计表（采用价格指数法时）

建设项目名称：　　　　　　　　　　合同段：

编制范围：　　　　　　　　　　编制时间：　　　　第　页　共　页　　　　价差 2 表

序　号	调整依据	期　数	调整时间	价差调整费用（元）	备　注
合计					

填表说明：
1. 本表用于价差调整的合同价格调整。
2. 表中调整依据可填批复文号或计量支付签证编号等。
3. 调整时间反映调整起止时间段。

编制：　　　　　　　　　　　　　　　　复核：

暂停施工补偿费用清单表

建设项目名称：　　　　　　　　　　　　　合同段：

编制范围：　　　　　　　　　　　　　　　编制时间：　　　　第　页　共　页　　　　停工清单 1 表

清单子目编码	费用名称	单位	数量	单价（元）	合价（元）
TG01	人工机械补偿费				
TG01-1	人工补偿费	工日			
TG01-2	机械补偿费				
TG01-2-1	自卸汽车	台班			
	……				
TG02	停工人员设备进出场费				
TG02-1	人员	总额			
TG02-2	机械	总额			
	……				
TG03	停工材料补偿费				
TG03-1	水泥	kg			
TG03-2	石灰	kg			
	……				
TG04	停工临时设施补偿费				
TG04-1	临时钢便桥	m			
TG04-2	办公生活驻地	总额			
	……				
TG05	停工临时用地补偿费	m^2			
TG06	停工工地维护费	总额			
TG07	企业管理	总额			
TG08	税金	总额			

暂停施工补偿费用清单表

建设项目名称：　　　　　　　　　　合同段：

编制范围：　　　　　　　　　　　　编制时间：　　　　第　页　共　页　　　　续上表

清单子目编码	费用名称	单　位	数　量	单价（元）	合价（元）
暂停施工补偿费用合计：______元					

编制：　　　　　　　　　　　　　　复核：

材料价差调整汇总表（采用信息价格法或实际采购价格法时）

建设项目名称：　　　　　　　　　　　　　　　　合同段：

编制范围：　　　　　　　　　　　　　　　　　　编制时间：　　　　第　页　共　页　　　　价差 1-1 表

序号	编码	调价材料名称	单位	合同单价（元）	总数量	时段统计（元）						价差调整费用汇总（元）	调整后综合单价（元）	备注（规格）
1	2	3	4	5	6	7	8	9	10	11	12	13 = 7 + 8 + 9 + 10 + 11 + 12	14 = 13 ÷ 6 + 5	15
价差调整费用合计														

填表说明：

“时段统计”列中第 7 ~ 12 列数据来源于价差 1-1-1 表的第 14 列，“时段统计”列可根据实际增（减）列数，“时段统计”之后的“价差调整费用汇总”“调整后综合单价”“备注”列的列号排序应依次调整。

编制：　　　　　　　　　　　　　　　　　　　　　　　　复核：

材料价差调整明细表（采用信息价格法或实际采购价格法时）

建设项目名称：　　　　　　　　　　　　合同段：

编制范围：　　　　　　　　　　　　　　编制时间：　　　　第　页　共　页　　　　**价差 1-1-1 表**

序号	编码	调价材料名称	调整依据	调整时间	单位	数量（Q）	基准单价（P_o）		调整				价差调整费用（ΔC）（元）	备注
							基准时间	单价（元）	信息价（P_i）或采购价（P_a）（元）	价差（ΔP）	风险幅度（$r\%$）	调整单价差		
1	2	3	4	5	6	7	8	9	10	11 = 10 − 9	12	13 = |11| − 9 × |12|	14 = 7 × 13	15
价差调整费用小计														

填表说明：

1. 材料价差调整明细表可根据项目实际情况制订，当采用信息价格法或实际采购价格法调整价差时，推荐使用本表。
2. 本表用于单期材料调价的统计。调价应严格按合同约定执行，调价依据应明确。
3. “信息价（P_i）或采购价（P_a）”列根据实际情况相应填写信息价或采购价，在“备注”列注明其来源。
4. “风险幅度”列为合同约定价差变化一定范围内不调整价差的值，如风险幅度为5%时，$r = 5\%$。
5. 材料的编码按现行《公路工程预算定额》（JTG/T 3832）附录四的代号填写。
6. “调整依据”列可填批复文号或计量支付签证编号等。

编制：　　　　　　　　　　　　　　　　　　　　　　　　复核：

3.4 工程变更费用汇总文件

××公路工程××合同段

工程变更费用汇总文件

编制单位：　　　　（盖章）

编制时间：××××年××月××日

（封面）

××公路工程××合同段

工程变更费用汇总文件

发 包 人：（单位盖章）

承 包 人：（单位盖章）

监 理 人：（单位盖章）

××××年××月××日

（扉页）

目　录

××合同段工程变更台账表

建设项目名称：　　　　合同段：

编制范围：　　　　数据截止时间：　　　　第　页　共　页　　　　**变更台账 1-i 表**

序号	变更编号	变更工程名称	变更原因及主要内容	变更发生时间	变更费用（元）						变更依据（附件）	变更性质	备注
					变更前		增减		变更后				
					申报	批复	申报	批复	申报	批复			
合计													

填表说明：

1. 此表按合同段逐一填报，含重大、较大、一般等所有工程变更，“合计”栏数据应与竣 3-1-i 表、竣 4-1-i 表中相应数据闭合。
2. 变更编号为项目建设单位编制的变更号，备注栏一般填写批复文件号。
3. 变更工程名称按本指南附录 B 中的临时工程、路基工程等单项工程分类，也可按单次变更工程桩号范围、内容分类。
4. 本表应以合同段为单位编制，汇总各合同段数据至台账 4 表。
5. “变更原因及主要内容”列应简要阐述。
6. “变更性质”栏按项目变更分类填写（如重大、较大、一般或 A、B、C、D、E 类等）。

编制：　　　　　　　　复核：

××合同段变更新增清单子目单价汇总表

建设项目名称：　　　　　　合同段：　　　　　　数据截止日期：　　　　第　页　　共　页　　　　变更台账 2-*i* 表

清单子目编码	清单子目名称	单　位	数　量	单价（元）	合价（元）	备　注
1	2	3	4	5	6＝4×5	7
新增变更子目项合计						

填表说明：

该表子目项为对应变更清单中新增加的子目，其数据来源于变更清单 2-2 表。

编制：　　　　　　　　　　　　　　　　　　　　复核：

变更项目清单汇总表

建设项目名称：　　　　　　　　合同段：

编制范围：　　　　　　　　截止日期：　　　　第　页　共　页　　　　变更清单总 1-*i* 表

工程或费用编码	清单子目编码	工程或费用名称（或清单子目名称）	单位	变更前			变更后			增减		
				数量	单价（元）	合价（元）	数量	单价（元）	合价（元）	数量	单价（元）	合价（元）

填表说明：

本表是某合同段全部变更工程或整个建设项目的变更工程的统计，其数据来源于单项变更批复的变更清单 1 表。当作为整个建设项目的变更工程统计时，编号为"变更清单总 1 表"。

编制：　　　　　　　　　　　　　　复核：

变更工程量清单汇总表-总表

建设项目名称：　　　　合同段：

编制范围：　　　　截止日期：　　　　变更清单总 2-*i* 表

序　号	子目编码	子目名称	变更前金额（元）	变更后金额（元）	增减金额（元）
1	100	100 章　总则			
2	200	200 章　路基工程			
3	300	300 章　路面工程			
4	400	400 章　桥梁、涵洞工程			
5	500	500 章　隧道工程			
6	600	600 章　交通安全设施			
7	700	700 章　绿化及环境保护工程			
8	800	800 章　管理、养护设施			
9	900	900 章　管理、养护及服务房屋			
10	1000	1000 章　其他工程			
	……	……			
	001	各章合计			
	002	计日工合计			
	003	已包含在各章合计中的材料、工程设备、专业工程暂估价合计			
	004	暂列金额			
	005	总价 005 = 001 + 002 + 004			

填表说明：

本表是某合同段全部变更工程或整个建设项目的变更工程的统计，其数据来源于单项变更批复的变更清单 2 表。当作为整个建设项目的变更工程统计时，编号为“变更清单总 2 表”。

编制：　　　　复核：

变更工程量清单汇总表-一级子目清单表

建设项目名称：　　　　　　　　　　合同段：

编制范围：　　　　　　　　　　截止日期：　　　　第　页　共　页　　　　变更清单总 2-1-*i* 表

清单子目编码	清单子目名称	单位	变更前			变更后			增减			备注
			数量	单价（元）	合价（元）	数量	单价（元）	合价（元）	数量	单价（元）	合价（元）	

填表说明：

本表是某合同段全部变更工程或整个建设项目的变更工程的统计，其数据来源于单项变更批复的变更清单 2-1 表。当作为整个建设项目的变更工程统计时，编号为“变更清单总 2-1 表”。

编制：　　　　　　　　　　　　　　　　　　复核：

变更分项清单-汇总表

建设项目名称：　　　　　　　　　　　　合同段：

编制范围：　　　　　　　　　　　　　　截止日期：　　　　第　页　共　页　　　　变更清单总 3-*i* 表

工程或费用编码	清单子目编码	工程或费用名称（或清单子目名称）	单位	变更前			变更后			增减			备注
				数量	单价（元）	合价（元）	数量	单价（元）	合价（元）	数量	单价（元）	合价（元）	

填表说明：

本表是某合同段全部变更工程或整个建设项目的变更工程的统计，其数据来源于单项变更批复的“变更清单 3 表”。当作为整个建设项目的变更工程统计时，编号为“变更清单总 3 表”。

编制：　　　　　　　　　　　　　　　　　　　　复核：

4

造价管理台账

××公路工程

造价管理台账

编制单位：　　　　　（盖章）

编制时间：××××年××月××日

（封面）

××公路工程

造价管理台账

造价管理负责人：(签字)

编制单位：　(单位盖章)

××××年××月××日

(扉页)

目　录

造价台账汇总表

建设项目名称：　　　　　　　　　　数据截止日期：　　　　　　　　　　第　页　共　页　　　　**台账 1 表**

工程或费用编码	工程或费用名称	单位	初步设计概算		施工图设计概算		招标清单预算		合同价		工程变更费用		本期末完成投资		预估调整费用		预估决算		备注
			数量	金额（万元）	数量	金额（万元）	数量	清单预算合价（万元）	数量	合价（万元）	数量	合价（万元）	数量	金额（万元）	数量	合价（万元）	数量	合价（万元）	
1	2	3	4	5	6	7	8	9	10	11	12	13	14	15	16	17	18 = 10 + 12 + 16	19 = 11 + 13 + 17	20
1	第一部分　建筑安装工程费	公路公里																	
101	临时工程	公路公里																	
10101	临时道路	km																	
	公路基本造价	公路公里																	

填表说明：

1. 初步设计阶段应按批复初步设计概算价、初步设计的标准费用项目编制，标准费用项目应符合正文第 5 章规定。数据结构应衔接初步设计概算数据链文件。
2. 施工图设计阶段应按批复施工图预算价、施工图设计的标准费用项目编制，标准费用项目应符合正文第 5 章规定。数据结构应衔接施工图设计预算数据链文件。
3. 招标清单预算阶段应按审定的或备案确定的招标清单预算价、清单的标准费用项目编制，标准费用项目应符合正文第 5 章规定。数据结构应衔接清单预算数据链文件。
4. 合同阶段数据结构应衔接合同清单数据链文件。
5. 工程变更包含批复的以合同为界面的合同价格调整，可包括设计变更、物价波动、法律变化、工程数量变化、加速施工、暂停施工、暂估价和计日工价格调整，以及合同约定的其他调整内容。数据结构应衔接各标段变更项目清单汇总表的数据并闭合。
6. 本期末完成投资的数据结构应衔接计量报表数据链。
7. 预估调整包含：已发生但未经批复和预计将发生的合同价格调整。
8. 预估决算 = 合同 + 工程变更 + 预估调整。数据结构应考虑决算阶段的要求。
9. 标准费用项目应符合本指南第 5 章要求，费用分摊合理填列。
10. 本表适用于常规项目，当采用以工可或初步设计为基础的设计施工总包或其他管理模式时，本表可根据项目特点调整。

编制：　　　　　　　　　　　　　　　　　　　　　　　　　　　　复核：

中标价与标底或最高投标限价对比表

建设项目名称：　　数据截止日期：　　第　页　共　页　　台账 2 表

序号	标段类别	标段名称	标段长度（km）	主要工程内容	招标清单预算（元）	标底或最高投标限价（元）	中标价（元）	开标日期	中标下浮率（%）	中标单位	备注
一	设计										
1											
二	监理										
1											
三	施工										
1											
2											
3											
4											
5											
6											
7											
8											
9											
10											
	……										
四	其他										
合计											

填表说明：
1. 下浮率（中标价下浮率）＝1－中标价/最高投标限价。
2. 工程类别原则按照设计、监理、施工、其他等分类统计，其中施工招标分类具体按实际招标划分类别（如土建、机电等）填写。
3. 工程主要内容主要填写本标段起始桩号范围及主要构造物规模。

编制：　　复核：

合同支付台账表

建设项目名称：　　　　　　　　数据截止日期：　　　　　　　　第　页　共　页　　　　台账3表

序号	合同类别	合同编号	结算书编号	合同名称	签约单位	合同金额（元）	结算金额（元）	累计应扣款（元）	累计应支付（元）	累计已支付（元）	待支付（元）	支付比例（%）	备注
1	2	3	4	5	6	7	8	9	10 = 8 − 9	11	12 = 10 − 11	13 = 11/10	14
合计													

填表说明：

1. 本表应完整地将建设项目的合同、协议发生的费用和支付情况一一列出，以便及时了解合同履约情况，并应根据合同实际履约情况及时更新。
2. 备注栏可说明是否签订结算、超支付原因及其他需说明的情况。

编制：　　　　　　　　　　　　　　　　复核：

工程变更台账汇总表

建设项目名称： 数据截止日期： 第 页 共 页 台账 4 表

序号	合同段	变更工程名称	变更原因及主要内容	变更批复		合同变更确认情况					备注
						承包人申报情况		项目管理单位确认情况			
				批复文号	增减费用（元）	申报单编号	增减费用（元）	变更令编号	批复文号	增减费用（元）	
1		2	3	8	9	12	13	14	15	16	17
一		重大设计变更									
1											
		……									
		小计									
二		较大设计变更									
1											
		……									
		小计									

序号	合同段变更统计	变更费用（元）						份数		备注
三		变更前		增减		变更后				
		申报	批复	申报	批复	申报	批复	申报	批复	
1	××合同段									
2	××合同段									
	……									
合计										

填表说明：

1. 对于重大、较大设计变更，应在备注栏填写批复单位。
2. 表中“合同段变更统计”数据来源于台账 4-i 表，其中的数据应与台账 4-i 表中相应数据闭合。

编制： 复核：

新增清单子目单价汇总表

建设项目名称：　　　　　　　　数据截止日期：　　　　　　　　第　页　共　页　　　　台账 5 表

清单子目编码	清单子目名称	单位	总数量	加权平均单价（元）	总合价（元）	单价（元）			
						××合同段	××合同段	××合同段	……
1	2	3	4	5 = 6 ÷ 4	6	7	8	9	10
新增变更子目项合计									

填表说明：

本表子目项为对应变更清单中新增加的子目，其数据来源于台账 5-i 表。

编制：　　　　　　　　　　　　　　　　　　复核：

公路工程造价从业人员汇总表

建设项目名称：　　　　数据截止日期：　　　　第　页　共　页　　　　台账 6 表

序号	姓　名	技术职称	所在部门及职务	本项目在岗时间	持证情况			继续教育情况			备注
					证件名称	证件编号	注册单位	培训时间	培训单位	培训证明	
一	建设管理单位										
1											
2											
3											
二	监理单位										
三	设计单位										
四	施工单位										
五	其他										

填表说明：
1. 本表填写在本项目就职的所有造价人员情况。其中，获得注册造价工程师证书的人员填写持证情况。
2. 同时拥有不同等级证书的，仅需填写最高等级证书，同时具有不同专业资格证书的均需填写。
3. “继续教育情况”栏主要填写个人接受的有关工程造价资格及业务培训情况。继续教育情况可填最近一次的情况。
4. 建设单位应对参建各方造价从业人员进行定期统计、核查，汇编成本表，数据来源于台账 6-i 表。

编制：　　　　复核：

××合同段工程造价台账表

建设项目名称：　　　　合同段：

编制范围：　　　　数据截止日：　　　　第　页　共　页　　　　台账 1-*i* 表

工程或费用编码	清单子目编码	工程或费用名称（或清单子目名称）	单位	合同			工程变更			预估调整			预估结算			竣工图	备注
				数量	单价（元）	合价（元）	数量	单价（元）	合价（元）	数量	单价（元）	合价（元）	数量	单价（元）	合价（元）	实际完工工程量	
1	2	3	4	5	6	7	8	9	10	11	12	13	14 = 5 + 8 + 11	15 = 16 ÷ 14	16 = 7 + 10 + 13	17	18

填表说明：

1. 工程变更包含：以合同为界面的合同价格调整，可包括设计变更、物价波动、法律变化、工程数量变化、加速施工、暂停施工、暂估价和计日工价格调整，以及合同约定的其他调整内容。数量结构应衔接变更费用汇总文件的变更项目清单汇总表。
2. 预估调整：预计的合同价格调整。
3. 预估结算 = 合同 + 工程变更 + 预估调整。预估数量应与“竣工图”列的“实际完工工程量”基本一致。
4. 竣工图工程量指实际实施完成的工程量，应结合实际量测、质量评定等综合确定。

编制：　　　　复核：

××合同段工程变更台账表

建设项目名称：　　　　　　　　合同段：

编制范围：　　　　　　　　数据截止时间：　　　　　　第　页　共　页　　　　台账 4-*i* 表

序号	变更编号	变更工程名称	变更原因及主要内容	变更发生时间	变更费用（元）						变更依据（附件）	变更性质	备注
					变更前		增减		变更后				
					申报	批复	申报	批复	申报	批复			
合计													

填表说明：

1. 此表按合同段逐一填报，含重大、较大、一般等所有工程变更，合计栏数据应与竣 3-1-*i* 表、竣 4-1-*i* 表中相应数据闭合。
2. 变更编号为项目建设单位编制的变更号，备注栏一般填写批复文件号。
3. 变更工程名称按附录 B 中的临时工程、路基工程等单项工程分类。
4. 本表应以合同段为单位编制，汇总各合同段数据至台账 4 表。
5. “变更原因及主要内容”栏应简要阐述。
6. “变更性质”栏按项目变更分类填写（如：重大、较大、一般或 A 类、B 类、C 类、D 类、E 类）。

编制：　　　　　　　　　　　　复核：

××合同段变更新增清单子目单价汇总表

建设项目名称：　　　　　　　　合同段：

编制范围：　　　　　　　　截止日期：　　　　　　第　页　共　页　　　　**台账 5-*i* 表**

清单子目编码	清单子目名称	单　位	数　量	单价（元）	合价（元）	备　注
1	2	3	4	5	6 = 4 × 5	7
新增变更子目项合计						

填表说明：

本表子目项为对应变更清单中新增加的子目，其数据来源于单项变更的变更清单 2-2 表。

编制：　　　　　　　　　　　　　　复核：

××合同段公路工程造价从业人员汇总表

建设项目名称：　　　　　　　　　　合同段：

编制范围：　　　　　　　　　　数据截止日期：　　　　　　　第　页　共　页　　　　　台账 6-*i* 表

序号	姓　名	技术职称	所在部门及职务	本项目在岗时间	持证情况			继续教育情况			备注
					证件名称	证件编号	注册单位	培训时间	培训单位	培训证明	

填表说明：

1. 本表填写在本合同段就职的所有造价人员情况。其中，获得注册造价工程师证书的人员填写持证情况。
2. 同时拥有不同等级证书的，仅需填写最高等级证书，同时具有不同专业资格证书的均需填写。
3. 继续教育情况栏主要填写个人接受的有关工程造价资格及业务培训情况。继续教育情况可填最近一次的情况。
4. 各单位应对本单位造价从业人员进行定期统计、核查，若有变化应上报建设单位进行汇总更新。

编制：　　　　　　　　　　　　　　　　　　　　　复核：

5

交工验收造价文件

××公路工程

交工验收造价文件

建设单位：　　（盖章）

××××年××月××日

（封面）

××公路工程

交工验收造价文件

造价管理负责人：(签字)

建　设　单　位：(盖章)

××××年××月××日

(扉页)

目　　录

××项目工程变更处理情况自检报告

按照交通运输部《公路工程竣（交）工验收办法》（交通部令2004年第3号）、《关于印发公路工程竣（交）工验收办法实施细则的通知》（交公路发〔2010〕65号）、广东省交通运输厅《关于公路工程设计变更管理办法的实施细则》（粤交基〔2007〕造价标准化管理1241号）、《关于加强公路工程设计变更管理工作的通知》（粤交基〔2021〕668号）和《广东省公路工程造价标准化管理指南》等文件要求以及公路建设项目交工验收的有关规定，××（建设单位）对××工程变更处理情况进行自检，现将自检情况形成报告。

一、工程概况

××年××月，广东省发展改革委以《××发展改革委关于××项目××批复》（文号）核准项目建设，批复路线长××km，批复投资估算为××亿元，其中，项目资本金占总投资的××%。

××年××月，××以《××关于××工程初步设计的批复》（文号）批复了初步设计，批复路线长约××km，批复概算为××亿元（含建设期贷款利息××亿元），其中建安费××亿元。本次通车路段对应批复概算建安费约××万元。

该项目建设单位为××，具体负责项目建设管理工作。本项目分两次通车，其中××工程已于××年××月交工通车试运营。本次交工通车路段为××段，桩号范围为K×× ~ K××，全长××km。本项目于××年××月全面开工建设，本次通车路段已按相应批复初步设计规模基本建成，计划在××年××月交工通车试运营。

二、工程变更总体情况

根据广东省交通运输厅有关公路工程设计变更管理的实施细则以及××集团、××有限公司（各级管理单位）的有关变更管理办法等要求，××（建设单位）制订了项目变更管理办法。实施期间，基本能按照造价管理规定建立工程变更管理台账和工程造价管理台账，造价台账信息化程度较好，工程变更类别基本能按照变更管理办法的规定划分和报批。

经核查，变更上报综合比例为××%（综合比例 = 0.6 × 份数申报率 + 0.4 × 费用申报率），其中份数申报率为××%，费用申报率为××%；变更审批综合比例为××%（综合比例 = 0.6 × 份数审批率 + 0.4 × 费用审批率），其中份数审批率为××%，费用审批率为××%（考虑负变更影响，费用审批率采用绝对值计算）；预估变更增减费用占对应概算批复建安费比例约为××%，其中设计变更费用占比为××%，其他变更费用占比为××%。

本次填报的变更情况统计表内容及变更台账按计划交工通车路段范围申报，基本反映工程变更情况。上报变更数据截至××年××月××日。

三、工程变更处理情况

（一）申报情况

本项目工程变更分设计变更、其他变更，预计变更份数为××份（设计变更××份、其他变更××份），变更增加费用总计约××万元，占对应批复概算建安费的××%，其中：

1. 设计变更方面

（1）已申报变更。

经统计，截至本次（××年××月××日），施工期间（按变更台账）已申报的变更数量为××份，变更增加费用××万元。

（2）未报变更。

××等工程共××份尚未申报，预计变更增加费用约××万元。

2. 其他变更方面

截至××年××月××日，预计本项目其他变更共××份，其中已申报××（填变更事项，例如：施工图勘误、材料价差调整）等××份其他变更（已审批××份，在审批流程中××份），费用为××万元；预计发生××（填变更事项，例如：新冠肺炎疫情防控、材料价差调整、延误及材料运距补偿）等其他变更××份未上报，预计增加约××万元。

变更申报总体情况见表1。

已申报变更情况一览表　　表1

截至××年××月××日

序号	类别	名　称	份数	变更增减金额（万元）	备注
1	设计变更	路基工程	××	××	已完成审批的变更按审批金额统计，未完成审批的按工程变更申报预估金额统计
		路面工程	××	××	
		桥涵工程	××	××	
		交叉工程	××	××	
		公路设施及预埋管线工程	××	××	
		管理、养护及服务设施	××	××	
		其他建安工程	××	××	
		小计	××	××	

续上表

<table>
<tr><th>序号</th><th>类别</th><th>名　　称</th><th>份数</th><th>变更增减金额（万元）</th><th>备注</th></tr>
<tr><td rowspan="2">2</td><td rowspan="2">其他变更</td><td>××等变更</td><td>××</td><td>××</td><td></td></tr>
<tr><td>小计</td><td>××</td><td>××</td><td></td></tr>
<tr><td colspan="3">合计</td><td>××</td><td>××</td><td></td></tr>
</table>

注：考虑负变更影响，申报费用比例采用绝对值计算；变更增减总费用绝对值××万元，申报费用绝对值××万元，申报费用占变更增减总费用比例为××%。

综上统计，本项目已申报变更份数××份，增加费用××万元；未申报变更预计份数××份，预计增加费用约××万元。已申报变更的份数及增减费用，分别占总份数的××%、总增减费用的××%；未报变更的份数及增减费用，分别占总份数的××%、总增减费用的××%。

（二）审批情况

项目变更审批权限按××厅、××集团、××有限公司及××项目公司有关变更管理的规定执行。已按变更管理权限完成变更审批××份，涉及增加费用××万元，审批份数和费用分别占上报份数和费用比例的××%、××%。具体已审批变更处理情况见表2。

已审批变更处理情况表

表2

截至××年××月××日

<table>
<tr><th colspan="3" rowspan="2">变更类别</th><th colspan="2">变更上报</th><th rowspan="2">变更审批情况</th><th colspan="2">完成审批</th><th rowspan="2">备注</th></tr>
<tr><th>份数</th><th>费用（万元）</th><th>份数</th><th>费用（万元）</th></tr>
<tr><td rowspan="5">设计变更</td><td colspan="2">重、较大设计变更（广东省交通运输厅审批）</td><td>××</td><td>××</td><td>××份已批复，××份审批中</td><td>××</td><td>××</td><td rowspan="7">已完成审批的按审批金额，未完成审批的按申报金额统计</td></tr>
<tr><td rowspan="3">一般设计变更</td><td>××万～××万元（××集团审批）</td><td>××</td><td>××</td><td>××份已批复，××份审批中</td><td>××</td><td>××</td></tr>
<tr><td>××万～×× 万元（××公司审批）</td><td>××</td><td>××</td><td>××份已批复，××份审批中</td><td>××</td><td>××</td></tr>
<tr><td>××万～×× 万元（××公司审批）</td><td>××</td><td>××</td><td>××份已批复，××份审批中</td><td>××</td><td>××</td></tr>
<tr><td colspan="2">小计</td><td>××</td><td>××</td><td></td><td>××</td><td>××</td></tr>
<tr><td>其他变更</td><td colspan="2">其他变更</td><td>××</td><td>××</td><td>××份已批复，××份审批中</td><td>××</td><td>××</td></tr>
<tr><td colspan="3">合计</td><td>××</td><td>××</td><td></td><td>××</td><td>××</td></tr>
<tr><td colspan="3">审批率（%）</td><td>××</td><td>××</td><td></td><td>××</td><td>××</td><td></td></tr>
</table>

注：考虑负变更影响，审批费用比例采用绝对值计算：已申报变更费用绝对值××万元，已申报未审批费用绝对值××万元，已申报完成审批费用绝对值××万元，审批费用占上报费用比例为××%。

有关变更统计汇总情况详见附表。

四、意见和建议

根据项目实际情况明确项目接下来的重点任务和节点目标。

(例：我司根据目前审批比例不高的现状，将会加快变更审批的速度，特别是××其他变更的进度……)

附件：1. 工程变更检查情况一览表

2. 工程变更台账汇总表

3. 工程变更台账表

××××公司(盖章)

××年××月××日

工程变更检查情况一览表

交造1表

序号	项目名称	建设单位	批复概算建安费	检查方式	变更增减总费用（万元）					施工单位申报变更增减费用（万元）						审批变更增减费用（万元）						重大、较大设计变更份数（份）	其他情况说明
					设计变更	其他变更	合计	占概算建安费比例（%）	预计份数（份）	设计变更	其他变更	合计	申报费用比例（%）	申报变更份数（份）	申报变更份数比例（%）	设计变更	其他变更	合计	审批费用比例（%）	审批变更份数（份）	审批份数比例（%）		
1	2	3	4	5	6	7	8 = 6 + 7	9 = 8 ÷ 4	10	11	12	13 = 11 + 12	14 = 13 ÷ 8	15	16 = 15 ÷ 10	17	18	19 = 17 + 18	20	21	22 = 21 ÷ 15	23	24
1																							

填表说明：

1. “变更增减总费用”包含施工单位申报及未申报而预估的变更增减费用。
2. “施工单位申报变更增减费用”为施工单位已报出并进入变更台账的变更增减费用，“申报费用比例”为施工单位申报变更增减费用占变更增减总费用的比例，“申报变更份数比例”为申报变更份数占预计份数的比例。
3. “审批变更增减费用”为按照变更审批权限完成全部审批流程的变更增减费用，“审批费用比例”为已完成审批的变更增减费用占施工单位申报变更增减费用的比例，“审批份数比例“为已完成审批份数占申报份数的比例。考虑负变更影响，审批费用比例采用绝对值计算。
4. 本表数据应与交造2表、交造3表数据闭合。
5. 批复概算建安费为本次交工通车对应范围概算建安费。
6. “其他情况说明”栏主要是描述存在的主要问题等。

编制：　　　　　　　　　　复核：

工程变更台账汇总表

建设项目名称：　　　　　　　　数据截止日期：　　　　　　　　第　页　　共　页　　　　　交造 2 表

序号	合同段	变更工程名称	变更原因及主要内容	变更批复		合同变更确认情况					备注
						承包人申报情况		项目管理单位确认情况			
				批复文号	增减费用（元）	申报单编号	增减费用（元）	变更令编号	批复文号	增减费用（元）	
1		2	3	8	9	12	13	14	15	16	17
一		重大设计变更									
1											
		……									
		小计									
二		较大设计变更									
1											
		……									
		合计									

三	合同段变更统计	变更费用（元）						份数		备注
		变更前		增减		变更后				
		申报	批复	申报	批复	申报	批复	申报	批复	
1	××合同段									
2	××合同段									
	……									
合计										

填表说明：

1. 对于重大、较大设计变更，应在备注栏填写批复单位。
2. 表中“合同段变更统计”数据来源于台账 4-i 表，其中合计栏数据应与交造 3 表中相应数据闭合。

编制：　　　　　　　　　　　　　　　　　　　　复核：

工程变更台账表

建设项目名称：

编制范围：　　　　数据截止时间：　　　　第　页　共　页　　　　**交造 3 表**

序号	变更编号	变更工程名称	变更原因及主要内容	变更发生时间	变更费用（元）						变更依据（附件）	变更性质	备注
					变更前		增减		变更后				
					申报	批复	申报	批复	申报	批复			
一、已申报变更（已申报××份、变更增减总费用××，已申报未审批××份、变更增减费用××，已审批××份、变更增减费用××）													
（一）临时工程													
……													
（二）路基工程													
……													
		填表说明： 1. 此表含重大、较大、一般等所有工程变更（即设计变更及其他变更），为交工路段范围内所有工程变更的汇总统计，数据来源于交工路段各个合同段对应变更台账 4-i 表。“合计”栏数据应与交造 2 表中相应数据闭合。 2. 变更编号为项目建设单位编制的变更号，备注栏一般填写批复文件号。 3. 变更工程名称按附录 B 中的临时工程、路基工程等单项工程分类。 4. “变更原因及主要内容”应简要阐述变更原因及内容。 5. 重大、较大设计变更按变更管理审批权限单位批复的金额填写。 6. 变更性质栏按项目变更分类填写（如：重大、较大、一般，或 A 类、B 类、C 类、D 类、E 类）。											
小计													
已申报变更增减总费用（已申报变更增减总费用 = 已审批增减费用 + 未审批的申报增减费用）					已申报的变更数量为××份，变更增减费用××万元								
已审报未审批变更增减费用					已申报未审批的变更数量为××份，变更增减费用××万元								
已审批变更增减费用					已审批的变更数量为××份，变更增减费用××万元								

工程变更台账表

建设项目名称：

编制范围：　　　　数据截止时间：　　　　第　页　共　页　　　　续上表

序号	变更编号	变更工程名称	变更原因及主要内容	变更发生时间	变更费用（元）						变更依据（附件）	变更性质	备注
					变更前		增减		变更后				
					申报	批复	申报	批复	申报	批复			
二、未申报变更（未申报××份、费用××，未申报份数及费用填报时请在表中申报栏下填列）													
（一）临时工程													
……													
（二）路基工程													
……													
小计													
未申报变更增减费用					预估××份变更尚未申报，预计变更增减费用约××万元								
合计（一+二）													

编制：　　　　复核：

6

工程结算文件

6.1 建筑安装工程结算文件

××公路工程

结算工程量清单文件

××合同段

承包人：(单位盖章)

监理人：(单位盖章)

发包人：(单位盖章)

××××年××月××日

(封面)

××公路工程

结算工程量清单文件

××合同段

编　　制：　　　（签字并盖章）

复　　核：　　　（签字并盖章）

编制单位：　　　　（盖章）

编制时间：××××年××月××日

（扉页）

目　录

结算项目清单

建设项目名称：　　　　　　　　　　合同段：

编制范围：　　　　　　　　第　页　共　页　　　　**建安结1表**

工程或费用编码	清单子目编码	工程或费用名称（或清单子目名称）	单位	合同			变更			结算			备注
				数量	单价（元）	合价（元）	数量	单价（元）	合价（元）	数量	单价（元）	合价（元）	
1	2	3	4	5	6	7 = 5 × 6	8	9	10 = 8 × 9	11 = 5 + 8	12 = 13 ÷ 11	13 = 7 + 10	
总价			元										

填表说明：
1. 本表应按单一合同段逐一编制。
2. “工程或费用编码”和对应“工程或费用名称”按附录 B 填写。
3. “清单子目编码”和对应“工程或费用名称”按合同清单编制规则填写。
4. 本表费用计算以工程量清单的数量为基础，为工程量清单数量乘单价得出子项合价，各上级层次的工程合价为子项工程量清单费用汇总合计，合价除以各数量为单价。
5. “工程或费用名称和编码”和“清单子目名称和编码”应分行填写。

编制：　　　　　　　　　　　　　　　　　　　　复核：

结算工程量清单-总表

建设项目名称：　　　　　　合同段：

编制范围：　　　　　　第　页　共　页　　　建安结 2 表

序号	清单子目编码	清单子目名称	金额（元）
1	100	100 章　总则	
2	200	200 章　路基工程	
3	300	300 章　路面工程	
4	400	400 章　桥梁、涵洞工程	
5	500	500 章　隧道工程	
6	600	600 章　交通安全设施	
7	700	700 章　绿化及环境保护工程	
8	800	800 章　管理、养护设施	
9	900	900 章　管理、养护及服务房屋	
10	1000	1000 章　其他工程	
	……	……	
		填表说明： 材料、工程设备、专业工程暂估价已包含在各章合计中，不应重复计入总价。	
	001	各章合计	
	002	计日工合计	
	003	已包含在各章合计中的材料、工程设备、专业工程暂估价合计	
	004	暂列金额	
	005	总价 005 = 001 + 002 + 004	

编制：　　　　　　复核：

结算工程量清单-一级子目清单表

建设项目名称：　　　　　　　　　　　　合同段：

编制范围：　　　　　　　　　　　　第　页　共　页　　　　建安结 2-1 表

清单子目编码	清单子目名称	单位	合同			变更			结算			备注
			数量	单价（元）	合价（元）	数量	单价（元）	合价（元）	数量	单价（元）	合价（元）	
1	2	3	4	5	6	7	8	9	10 = 4 + 7	11 = 12 ÷ 10	12 = 6 + 9	
100	100 章小计											
200	200 章小计											
合计												

填表说明：
本表应按单一合同段逐一编制。

编制：　　　　　　　　　　　　　　　　　　复核：

计日工结算汇总表

建设项目名称：　　　　　　　　　　　　合同段：

编制范围：　　　　　　　　　　　　　　第　页　共　页　　　　建安结 2-2 表

子目编码	子目名称	单位	合同			变更			结算			备注
			数量	单价（元）	合价（元）	数量	单价（元）	合价（元）	数量	单价（元）	合价（元）	
合计												

填表说明：
1. 本表用于计日工的结算。
2. 结算来源于建安结 2-2-1 表。
3. “备注”栏说明结算相对于合同发生变化的依据及原因。

编制：　　　　　　　　　　　　　　复核：

材料价差调整结算统计表

建设项目名称：　　　　　　　　　　合同段：

编制范围：　　　　　　　　　　编制时间：　　　　第　页　共　页　　　　建安结 2-3 表

序号	编码	调价材料名称	调 整 时 间	价差调整费用（元）	备　注
合计					

填表说明：
1. 本表用于价差调整的合同价格调整。
2. 材料的编码按《公路工程预算定额》附录四的规定代号填写。
3. 表中数据来源于建安结 2-3-1 表，其中调整时间反映调整起止时间段。

编制：　　　　　　　　　　　　　　　　复核：

工程索赔结算汇总表

建设项目名称： 合同段：

编制范围： 第 页 共 页 **建安结 2-4 表**

序号	索赔项目名称	索赔单编号	发生日期	索赔金额（元）	赔偿金额（元）	索赔原因	批准文号
1							
2							
合计							

填表说明：

本表用于工程索赔的结算。索赔应严格按合同约定或有关规定执行。表中数据应来源于具体项索赔的批复资料。

编制： 复核：

其他费用结算汇总表

建设项目名称：

编制范围：　　　　合同段：　　　　第　页　共　页　　　　建安结 2-5 表

序　号	项目或费用名称	单位	合　同			变　更			结　算			依据
			数量	单价（元）	合价（元）	数量	单价（元）	合价（元）	数量	单价（元）	合价（元）	
合计												

填表说明：
1. 本表用于其他费用（如奖金、罚金等）的结算。
2. 其他费用的支付应严格按合同约定或有关规定执行，表中数据应来源于具体的批复资料。

编制：　　　　复核：

工程变更台账表

建设项目名称：　　　　　　　　　　　　合同段：

编制范围：　　　　　　　　　　　　　　数据截止时间：　　　　第　页　共　页　　　　建安结 2-6 表

序号	变更编号	变更工程名称	变更原因及主要内容	变更发生时间	变更费用（元）						变更依据（附件）	变更性质	备注
					变更前		增减		变更后				
					申报	批复	申报	批复	申报	批复			
合计													

填表说明：

1. 此表按合同段逐一填报，含重大、较大、一般等所有工程变更。“合计”栏数据应与竣 3-1-i 表、竣 4-1-i 表中相应数据闭合。
2. 变更编号为项目建设单位编制的变更号，备注栏一般填写批复文件号。
3. 变更工程名称按附录 B 中的临时工程、路基工程等单项工程分类，也可按单次变更工程桩号范围，内容分类。
4. 本表应以合同段为单位编制，汇总各合同段数据至台账 4 表。
5. “变更原因及主要内容”栏应简要阐述。
6. “变更性质”栏按项目变更分类填写（如：重大、较大、一般，或 A、B、C、D、E 类）。

编制：　　　　　　　　　　　　　　　　　　　　复核：

计日工明细表

建设项目名称：　　　　　　　　　　合同段：

编制范围：　　　　　　　　　　第　页　共　页　　　　建安结 2-2-1 表

子目编码	子目名称	工程项目内容	计日时间	单位	数量	单价（元）	合价（元）	批准文号	备注
合计									

编制：　　　　　　　　　　　　　　　　　　复核：

材料价差调整汇总表

建设项目名称：　　　　　　　　　　　　　　　　　　合同段：

编制范围：　　　　　　　　　　　　　　　　　　　　编制时间：　　　　第　页　共　页　　　　建安结 2-3-1 表

序号	编码	调价材料名称	单位	合同单价（元）	总数量	时间统计（元）						价差调整费用汇总（元）	调整后综合单价（元）	备注（规格）
1	2	3	4	5	6	7	8	9	10	11	12	13 = 7 + 8 + 9 + … + 12	14 = 13 ÷ 6 + 5	15
价差调整费用合计														

填表说明：

“时段统计”列中第 7 ~ 12 列数据来源于各标段其他变更费用文件之价差 1-1-1 表的第 14 列，“时段统计”列可根据实际增（减）列数，“时段统计”之后的“价差调整费用汇总”“调整后综合单价”“备注”列的列号排序应依次调整。

编制：　　　　　　　　　　　　　　　　　　　　　　复核：

结算分项清单

建设项目名称：　　　　　　　　　　合同段：

编制范围：　　　　　　　　　　第　页　共　页　　　　**建安结 3 表**

工程或费用编码	清单子目编码	工程或费用名称（或清单子目名称）	单位	合同			变更			结算			备注
				数量	单价（元）	合价（元）	数量	单价（元）	合价（元）	数量	单价（元）	合价（元）	
1	2	3	4	5	6	7 = 5×6	8	9	10 = 8×9	11 = 5+8	12 = 13÷11	13 = 7+10	

填表说明：
1. 本表应按单一合同段逐一编制。
2. “工程或费用编码”和对应“工程或费用名称”按附录 B 填写。
3. “清单子目编码”和对应“清单子目名称”按合同清单编制规则填写。
4. 本表费用计算以工程量清单的数量为基础，为工程量清单数量乘单价得出子项合价，各上级层次的工程合价为子项工程量清单费用汇总合计，合价除以各数量为单价。
5. 工程或费用项目和清单子目费用项目应分行填写。

编制：　　　　　　　　　　　　　　复核：

6.2 土地使用及拆迁补偿结算文件

××公路工程征地拆迁合同

结算工程量清单文件

甲方：（单位盖章）

乙方：（单位盖章）

××××年××月××日

（封面）

××公路工程征地拆迁合同

结算工程量清单文件

编　　制：　　　（签字并盖章）

复　　核：　　　（签字并盖章）

编制单位：　　　　（盖章）

编制时间：××××年××月××日

（扉页）

目　录

土地使用及拆迁补偿结算项目清单

建设项目名称：　　　　　　　　　　　　合同段：

编制范围：　　　　　　　　　　　　第　页　共　页　　　　**征拆结 1 表**

工程或费用编码	征拆子目编码	工程或费用名称（或征拆子目名称）	单位	合同			变更			结算			备注
				数量	单价（元）	合价（元）	数量	单价（元）	合价（元）	数量	单价（元）	合价（元）	
1	2	3	4	5	6	7 = 5 × 6	8	9	10 = 8 × 9	11 = 5 + 8	12 = 13 ÷ 11	13 = 7 + 10	14
总价													

填表说明：

1. 本表应按单一合同段逐一编制。
2. “工程或费用编码”和对应“工程或费用名称”按附录 B 填写。
3. “征拆子目编码”和对应“征拆子目名称”可结合项目土地使用及拆迁补偿合同具体内容按需填写，也可参照《国土空间调查、规划、用途管制用地用海分类指南（试行）》（自然资办发〔2020〕51 号）分类填写。
4. 本表费用计算以征拆合同数量为基础，为数量乘单价得出子项合价，各上级层次的工程合价为子项征拆费用汇总合计，合价除以各数量为单价。
5. “工程或费用编码”和“征拆子目编码”应分行填写。

编制：　　　　　　　　　　　　　　　　　　复核：

6.3 工程建设其他费用结算文件

××公路工程××合同

结算工程量清单文件

甲方：（单位盖章）

乙方：（单位盖章）

××××年××月××日

（封面）

××公路工程××合同

结算工程量清单文件

编　　制：　　　（签字并盖章）

复　　核：　　　（签字并盖章）

编制单位：　　　　（盖章）

编制时间：××××年××月××日

（扉页）

目　录

工程监理费结算清单汇总表

建设项目名称：　　　　　　　　　　　　合同段：

编制范围：

监理结 1 表

序号	费用名称	合同金额（元）	变更增减金额（元）	结算金额（元）	备　注
1	监理人员服务费				共________个月
2	监理办公设施费				共________个月
3	监理交通设施费 （含燃料消耗等费用）		填表说明： 1. 本表中“费用名称”可按交通运输部发布的现行《公路工程标准施工监理招标文件》及广东省交通运输厅有关补充规定划分。 2. 本表数据由监理结 1-1 表汇总而来。		
4	监理试验设施费				
5	监理生活设施费				
6	其他费用				含项目系统软件费、专项培训费、竣工文件编制费等
……					
工程监理费合计					

编制：　　　　　　　　　　　　　　　　复核：

工程监理费结算清单

建设项目名称：　　　　合同段：

编制范围：　　　　第　页　共　页　　　　监理结 1-1 表

子目编码	子 目 名 称	单位	合同			变更			结算			备注
			数量	单价（元）	合价（元）	数量	单价（元）	合价（元）	数量	单价（元）	合价（元）	
1	2	3	4	5	6	7	8	9	10 = 4 + 7	11 = 12 ÷ 10	12 = 6 + 9	
1	监理人员服务费											
	总监理工程师	元/（人·月）										
	××专业监理工程师	元/（人·月）										
	……											
2	监理办公设施费	总额										
	……											
3	监理交通设施费	总额										
4	监理试验设施费	总额										
5	监理生活设施费	总额										
	……											
清单	工程监理费合计	人民币＿＿＿＿元										

填表说明：

本表中“子目名称”按交通运输部发布的现行《公路工程标准施工监理招标文件》及广东省交通运输厅有关补充规定划分。

编制：　　　　复核：

勘察设计费结算清单汇总表

建设项目名称：　　　　　　　　　　　　合同段：

编制范围：

设计结 1 表

序 号	费 用 名 称	合同金额（元）	变更增减金额（元）	结算金额（元）	备　注
勘察设计费合计					

填表说明：

1. 备注栏说明每项相对于原合同发生变化的原因、依据。
2. 本表由设计结 1-1 表数据汇总而来。

编制：　　　　　　　　　　　　　　　　复核：

勘察设计费结算清单

建设项目名称： 合同段：

编制范围： 第 页 共 页 设计结 1-1 表

子目编码	子 目 名 称	单位	合同			变更			结算			备注
			数量	单价（元）	合价（元）	数量	单价（元）	合价（元）	数量	单价（元）	合价（元）	
1	2	3	4	5	6	7	8	9	10 = 4 + 7	11 = 12 ÷ 10	12 = 6 + 9	13
清单	勘察设计费清单合计	人民币__________元										

填表说明：

备注栏说明每项相对于原合同发生变化的原因、依据。

编制： 复核：

其他费用结算清单

建设项目名称：

合同名称：　　　　　　合同编号：　　　　　　合同签订单位：　　　　　　其他结 1-i 表

序号	工程或费用名称	单位	合同			变更			结算			备注
			数量	单价（元）	合价（元）	数量	单价（元）	合价（元）	数量	单价（元）	合价（元）	
1	2	3	4	5	6	7	8	9	10 = 4 + 7	11 = 12 ÷ 10	12 = 6 + 9	13
合计												

填表说明：

1. 本表应根据附录 B 的费用项分别编制，主要用于建筑安装工程其他费用（如零星工程等）的结算，以及工程建设其他费用（主要包括建设项目信息化、设计文件审查费、竣（交）工验收试验检测费、研究试验费、建设项目前期工作费（不含勘察设计费）、专项评价（估）费、联合试运转费、生产准备费、工程保通管理费、工程保险费、其他相关费用）项的结算。
2. “备注”栏说明结算相对于合同发生变化的依据（如变更批复文号、补充协议合同编号等）。

编制：　　　　　　　　　　　　复核：

6.4 过程结算相关表格

××公路工程施工合同

过程结算相关表格

承 包 人：（单位盖章）

监 理 人：（单位盖章）

发 包 人：（单位盖章）

××××年××月××日

公路建设项目建筑安装工程过程结算单元划分表

表 1

工程或费用编码	过程结算单元名称	备　注
1	第一部分　建筑安装工程费	结合项目质量检验评定单元和工程规模、工期、技术特点合理划分过程结算单元
101	临时工程	视项目实际开展过程结算
10101	临时道路	
10102	保通便道	
10103	其他临时工程	
102	路基工程	
10201	场地清理	可按桩号（1～3km）、位置细分
10202	路基挖方	可按桩号（1～3km）、位置细分
10203	路基填方	
10204	结构物台背回填	可按桩号、位置细分
10205	特殊路基处理	
1020501	软土地区路基处理	可按桩号、位置或处理类型细分
1020502	不良地质路段处治	可按桩号、位置或处治类型细分
10206	排水工程	可按桩号、位置或排水类型细分
10207	路基防护与加固工程	可按桩号、位置或设计方案细分
10208	路基其他工程	
103	路面工程	可按合同段桩号范围（1～3km）或结构层级细分
10301	沥青混凝土路面	
10302	水泥混凝土路面	
10304	路槽、路肩及中央分隔带	
10305	路面排水	
10306	旧路面处理	
104	桥梁涵洞工程	可按单座结合质量检验评定分项工程划分
10401	涵洞工程	可按桩号、位置及涵洞类型细分，涵洞规模大时可根据结构部位细分
10402	小桥工程	可按桩号、位置及桥梁类型细分，每座桥梁可按基础、下部、上部、桥面系及附属、防护、引道工程等细分
（示例）	K××小桥	
10403	中桥工程	
1040301	××桥（跨径、桥型）	

公路建设项目建筑安装工程过程结算单元划分表

续上表

工程或费用编码	过程结算单元名称	备　注
1040302	××桥（跨径、桥型）	
10404	大桥工程	可按单座结合质量检验评定分项工程划分
1040401	××桥（跨径、桥型）	
104040101	基础工程	可按桩号、位置划分细目，结合质量检验评定分项工程划分
104040102	下部构造	可按桥墩号划分细目，结合质量检验评定分项工程划分
104040103	上部构造	可按跨径或结构类型分细目，结合质量检验评定分项工程划分
104040104	桥面铺装	可按桩号、位置划分细目
104040105	附属结构	可按照结构物类型细分，结合质量检验评定单元
104040106	其他工程	
10405	特大桥工程	
1040501	××特大桥工程（跨径、桥型）	可按照大桥工程细分
10406	旧桥利用与处治	可按单座或处治类型细分
10407	桥下排水设施	可按桩号、位置细分
10408	桥梁岩溶处治	可按桩号、位置细分
105	隧道工程	可按单座结合质量检验评定分项工程划分
10501	连拱隧道	
1050101	××隧道	
105010101	洞门、洞口及明洞工程	可按洞口及设计方案，结合质量检验评定分项工程划分
105010102	洞身工程（开挖及支护）	可按桩号及设计方案，结合质量检验评定分项工程划分
105010103	洞内路面、排水、装饰工程	可按桩号及设计方案（路面、排水、装饰、防火等），结合质量检验评定单元划分
105010104	辅助坑道	可按桩号及设计方案（斜井、竖井、横洞等）细分，结合质量检验评定单元划分
10501010405	预留洞室	
105010105	其他	
10502	小净距隧道	划分方式参照连拱隧道
10503	分离式隧道	划分方式参照连拱隧道

公路建设项目建筑安装工程过程结算单元划分表

续上表

工程或费用编码	过程结算单元名称	备　注
10504	下沉式隧道	可按桩号及设计方案、结合质量检验评定单元细分
10505	沉管隧道	可按桩号及设计方案、结合质量检验评定单元细分
10506	盾构隧道	可按桩号及设计方案、结合质量检验评定单元细分
10507	其他形式隧道	
10508	隧道维修加固工程	
106	交叉工程	可按单处、参照主线工程细分
10601	平面交叉	可按桩号及设计方案、参照主线工程细分
10602	通道	可按桩号及设计方案、参照主线工程细分
10603	天桥	可按桩号及设计方案、参照主线工程细分
10604	渡槽	可按桩号及设计方案、参照主线工程细分
10605	分离式立体交叉	可按桩号及设计方案、参照主线工程细分
10606	互通式立体交叉	可按桩号及设计方案、参照主线工程细分
10607	管理、养护、服务匝道及场区工程	可按桩号及设计方案、参照主线工程细分
107	交通工程及沿线设施	
10701	交通安全设施	可按 5 ~ 10km 路段，结合交安设施类型细分
10702	收费系统	可按合同段或《公路工程质量检验评定标准　第二册　机电工程》分部、分项工程细分
10703	监控系统	
10704	通信系统	
10705	隧道机电工程	
10706	供电及照明系统	
10707	管理、养护、服务房建工程	可按合同段或单体楼或专业工程质量检验评定标准细分
10708	线外供电	可按合同段细分
108	绿化及环境保护工程	可按合同段或工程部位细分
10801	主线绿化及环境保护工程	
10802	互通立交绿化及环境保护工程	
10803	管养设施绿化及环境保护工程	
10804	取、弃土场绿化及环境保护工程	
10805	声环境污染防治工程	

公路建设项目建筑安装工程过程结算单元划分表

续上表

工程或费用编码	过程结算单元名称	备　注
10806	水环境污染防治工程	
109	其他工程	参照主体工程细分
10901	联络线、支线工程	
10902	连接线工程	
10903	辅道工程	
10904	改路工程	
10905	改河、改沟、改渠	
10906	悬出路台	
10907	渡口码头	
110	专项费用	视项目实际开展过程结算
11001	施工场地建设费	
11002	安全生产费	
	……	
111	实施阶段发生的其他费用项目	

填表说明：

本表“工程或费用编码”应与本指南附录B的“结算”环节的标准费用项目对应，项目可结合现行《公路工程质量检验评定标准》（JTG F80/1）或相关专业的质量验收评定标准中的单位、分部、分项工程划分最小结算单元。

分项清单基础数据表（示例）

建设项目名称：　　　　　　　　　　　　合同段：

编制范围：　　　　　　　　　　　　第　页　共　页　　　　表 2

工程或费用编码	清单子目编码	工程或费用名称（或清单子目名称）	单位	合同			变更			结算			实际完工工程量	备注
				数量	单价（元）	合价（元）	数量	单价（元）	合价（元）	数量	单价（元）	合价（元）		
1	2	3	4	5	6	7 = 5 × 6	8	9	10 = 8 × 9	11	12	13 = 7 + 10	14	
10405		特大桥												
1040501		× × 特大桥												
104050101		引桥工程												
10405010101		基础工程												
1040501010101		桩基础												
104050101010101		250cm 桩径												
	403-1-4	带肋粗钢筋（ϕ32 以上）	kg	180000	7.1								180000.00	数据来源于结算单元计量支付报表的“计量1表”
		D250 钢筋连接器（Ⅰ级接头）普通钢筋 ϕ40	个	1440									1450.00	
		D250 普通钢筋 HRB500 ϕ40	kg	180000									184860.00	
	405-3-1-16	桩径 250cm	m	600	4700								600.00	
		临时钢护筒	kg	15600									16021.20	
		水中钻孔桩 L > 40m D250 桩基根数	根	12									12.00	
		水中钻孔桩 L > 40m D250 检测管 ϕ60 × 3.5	kg	14686.8									15083.34	
		水中钻孔桩 L > 40m D250 混凝土 C35 水下	m^3	2520									2588.04	

填表说明：

1. 本表应按单一合同段逐一编制，是编制过程结算文件和竣工图的基础。
2. “工程或费用编码”和对应“工程或费用名称”应按本指南附录 B 填写。
3. “清单子目编码”和对应“工程或费用名称”按合同工程量清单填写。
4. 本表费用计算以工程量清单的数量为基础，为工程量清单数量乘单价得出子项合价，各上级层次的工程合价为子项工程量清单费用汇总合计，合价除以各数量为单价。
5. “实际完工工程量”指实际实施完成的工程量，应结合实际量测、质量评定等综合确定。
6. “工程或费用名称”和“清单子目名称”应分行填写。

编制：　　　　　　　　　　　　　　　　复核：

计量报表（示例）

建设项目名称：　　　　　　　　　　合同段：

截至日期：　　　　　　　　　　编号：　　　　　第　页　共　页　　　　计量 1 表

工程或费用编码	清单子目编码	工程或费用名称（或清单子目名称）	单位	合同数量	变更数量	变更后数量	单价（元）	本年累计完成		至本期末完成		至上期末完成		本期完成		备注
								数量	金额（元）	数量	金额（元）	数量	金额（元）	数量	金额（元）	
10405		特大桥														
1040501		××特大桥														
104050101		引桥工程														
10405010101		基础工程														
1040501010101		桩基础														
104050101010101		250cm 桩径														
	403-1-4	带肋粗钢筋（ϕ32 以上）	kg	180000	3000	183000	7.1	15000		15000		10000		5000		数据来源于“合同分项清单”
		D250 钢筋连接器（Ⅰ级接头）普通钢筋 ϕ40	个	1440	24	1464		120		120		80		40		“合同”及“变更”数量来源于图纸工程量。本期完成数量来源于实际量测的实际完工工程量。
		D250 普通钢筋 HRB500ϕ40	kg	180000	3000	183000		15116.5		15116.5		10000		5116.5		
	405-3-1-16	桩径 250cm	m	600	10	610	4700	50		50		33.33		16.67		数据来源于“合同分项清单”

计量报表（示例）

建设项目名称：　　　　　　　　　　合同段：

截至日期：　　　　　　　　　　编号：　　　　　　第　页　共　页　　　　续上表

工程或费用编码	清单子目编码	工程或费用名称（或清单子目名称）	单位	合同数量	变更数量	变更后数量	单价（元）	本年累计完成		至本期末完成		至上期末完成		本期完成		备注
								数量	金额（元）	数量	金额（元）	数量	金额（元）	数量	金额（元）	
		临时钢护筒	kg	15600	260	15860		1310.1		1310.1		866.67		443.43		“合同”及“变更”数量来源于图纸工程量。本期完成数量来源于实际量测的实际完工工程量。
		水中钻孔桩 $L>40$m D250 桩基根数	根	12	0	12		0.99		0.99		0.66		0.33		
		水中钻孔桩 $L>40$m D250 检测管 $\phi60\times3.5$	kg	14686.8	244.78	14931.58		1234.63		1234.63		815.93		418.7		
		水中钻孔桩 $L>40$m D250 混凝土 C35 水下	m^3	2520	42	2562		213.03		213.03		140		73.03		
合计																

编制：　　　　　　　　　　　　　　　　　　　　复核：

填表说明：该报表应由承包人、监理工程师、建设单位代表共同确认，按项目管理相关规定签署或盖章。

过程结算问题记录表

建设项目名称：　　　　　　　　　　　　　　合同段：　　　　　　　　　表 4

结算单元名称		结算单元编码	
位置/范围		涉及金额（万元）	
承包人		监理单位	
设计图名称		图号	
事由、原因、内容、方案、相关合同条款约定摘要：			
承包人诉求（包括工程量及费用方面的说明）：			
监理单位意见：			
建设单位意见：			
其他方意见（如有）：			

填表说明：

本表由各方盖章确认，附上相关佐证资料：

1. 能反映现场投入的施工原始记录，由施工、监理、设计及建设单位四方确认的人工、材料、机械设备消耗量及实际工程量，进退场记录、影像监控、施工及监理日志、质量检测，合同及发票等资料。
2. 与结算问题相关的服务函、会议纪要、联系单、变更报批情况，以及对后续结算处理有影响的第三方评估、审查、审计等资料。
3. 其他与结算问题有相关的资料。

7

竣工决算文件

7.1 竣工决算报告

建设单位：　　　　　　建设项目名称：

主管部门：　　　　　　建设项目类别：

级　　别：　　　　　　建 设 性 质：

公 路 工 程 建 设 项 目 竣 工 决 算 报 告

建设单位盖章：　　　　　　建设单位法定代表人：

编 制 日 期：　　年　　月　　日

说明：1. “主管部门”指建设单位的主管部门。
2. “建设项目名称”填写批准的项目初步设计文件中注明的项目名称。
3. “建设项目类别”指“大中型”或“小型”。
4. “建设性质”指建设项目属于新建、改建或扩建。
5. “级别”指中央级或地方级的建设项目。

（封面）

××公路工程建设项目竣工决算

甲组文件

第　册　　共　册

编　　制：　　（签字并盖章）

复　　核：　　（签字并盖章）

编制单位：　　　（公章）

编制时间：××××年××月××日

（扉页）

目　　录

续上表

建设项目地理位置图

说明：

建设项目地理位置图应表示出建设项目竣工工程路线走向、长度、主要桥隧及交叉工程等构筑物、与沿线交通网络中其他路网的关系等信息，沿线主要城镇、工矿区、显著地标、保护区等的概略位置及县以上境界，比例尺用1∶50000～1∶200000。

竣工决算报告编制说明

竣工决算报告编制说明是竣工决算报告的重要组成部分，主要应包括以下内容：

1. 项目概况及组织情况：从工程立项、初步设计、施工图设计、招标阶段、工程建设、竣（交）工等各阶段说明工程路线走向、建设规模、技术标准、主要工程方案、数量情况；建设管理制度执行情况，各阶段设计审批情况，较大、重大设计变更审批情况，招投标和合同履行情况；建设项目工程资金来源、到位及投资计划、落实情况。

2. 项目财务与工程造价管理情况：从项目管理机构设置及职能分工、招标方式、主要参建单位履约情况、工程建设管理措施、会计财务处理、财产物资清理及债权债务清偿、工程建设过程和管理工作中的重大事件、经验教训等方面进行说明。

3. 工程造价与投资控制情况：从造价控制与管理措施、合同执行情况、工程设计变更、批复费用执行情况、建设资金使用与结余资金处理情况、竣工决算编制情况等方面进行说明，对尾工工程、报废工程、项目调价及预留费用情况等应进行说明；应特别注意竣工决算与批复费用的对比，需要详细表述主要技术经济指标、费用节余（或超支）情况，对其原因进行量化分析并说明原因。

4. 工程遗留问题（如有）。

5. 检查落实情况，如历次审计、检查、审核、稽查的意见及整改落实情况等。

6. 项目管理体会：总结项目管理特点、造价控制的经验与教训总结、工程遗留问题、建议以及上级单位对本项目的造价管理或投资控制方面的考核评价等。

7. 其他需要说明的事项。

工程概况表

第　页　共　页　　　竣1表

建设项目名称								工程规模		主要工程数量			
项目地址或地理位置								主线公路里程（km）		工程名称	单位	设计	竣工
建设起止时间	计划	从　年　月　日开工至　年　月　日交工						支线、联络线里程（km）		路基土石方	m^3		
	实际	从　年　月　日开工至　年　月　日交工								特殊路基处理	km		
立项批复（核准）情况		部门		日期		文号		主要技术标准		路基排水圬工	m^3		
初步设计批复情况		部门		日期		文号		公路等级		路基防护圬工	m^3		
施工许可情况		部门		日期		文号		设计速度（km/h）		路面工程	m^2		
交工验收情况		部门		日期		文号		设计荷载		大、特大桥	m/座		
		工程质量评分						路基宽度（m）		中、小桥	m/座		
建设单位								隧道净宽（m）		涵洞	m/道		
质量监督机构								地震动峰值系数		隧道	m/座		
主要设计单位										平面交叉	处		
主要监理单位										通道、天桥	座		
主要施工单位								土地使用及拆迁		分离式立交	处		
费用情况（万元）								批复用地（亩）		互通式立交	km/处		

工 程 概 况 表

第　页　　共　页　　　　　　　续上表

工程或费用名称		批准概算	竣工决算	增减金额
1	建筑安装工程费			
101	临时工程			
……	……			
公路总造价				

永久占用土地（亩）			支线、联络线长度	km		
实际拆迁房屋（m²）			管理及养护房屋	m²/处		
工、料、机消耗						
主要人工消耗（工日）	设计		主要机械消耗（台班）		设计	
	实际				实际	
主要材料消耗	钢材（t）	设计		水泥（t）	设计	
		实际			实际	
	沥青（t）	设计		碎石、砂（m³）	设计	
		实际			实际	
	汽、柴油（t）	设计		电（kW·h）	设计	
		实际			实际	
主要尾工工程	工程内容或名称		预计投资（万元）	主要工程数量	预计完成时间	
总决算造价指标（万元/km）						
建安费造价指标（万元/km）						

编制：　　　　　　　　　　复核：　　　　　　　　　　建设单位负责人：

填表说明：

1. “主要工程数量”和“工、料、机消耗”中的“设计”是指批复的设计工程量。若只有一阶段设计，为批复的施工图设计数量；若是两（或三）阶段设计，为批复的初步设计数量（修正设计数量）。
2. “工、料、机消耗”中的“实际”是指批复的施工图设计（含设计变更）的工、料、机消耗。
3. “费用情况”中，如建设项目为一阶段设计，“批准概算”栏应填入批准施工图预算；如建设项目有技术设计阶段，“批准概算”栏应填入批准修正概算。
4. “主要技术标准”栏，当主线和支线、联络线采用不同标准时，可以××/××分别统计。

财务决算表

建设项目名称：　　　　　　　　　　　　　　　第　页　共　页　　　　竣 2 表

	资金来源	金额（元）		资金占用	金额（元）	补充资料
一	基建拨款		一	基本建设支出		
	1. 中央财政资金			（一）交付使用资产		
	其中：一般公共预算资金			1. 公路公共基础设施		
	中央基建投资			2. 固定资产		
	财政专项资金			3. 流动资产		
	政府性基金			4. 无形资产		
	国有资本经营预算安排的基建项目资金			（二）在建工程		
	政府统借统还非负债性资金			1. 建筑安装工程投资		
	2. 地方财政资金			2. 设备投资		
	其中：一般公共预算资金			3. 待摊投资		
	地方基建投资			4. 其他投资		基建借款期末余额
	财政专项资金			5. 待核销基建支出		基建结余资金
	政府性基金			（三）转出投资		
	国有资本经营预算安排的基建项目资金			货币资金合计		
	政府统借统还非负债性资金			其中：银行存款		
二	部门自筹资金（非负债性资金）		二	财政应返还额度		
三	项目资本			其中：直接支付		
	1. 国家资本			授权支付		
	2. 法人资本			现金		
	3. 个人资本			有价证券		
	4. 外商资本		三	预付及应收款合计		
四	项目资本公积			1. 预付备料款		

财务决算表

建设项目名称：　　　　　　　　　　　　第　页　　共　页　　　　续上表

资金来源		金额（元）	资金占用		金额（元）	补充资料
五	基建借款			2. 预付工程款		
	其中：企业债券资金			3. 预付设备款		
六	应付款合计			4. 应收票据		
	1. 应付工程款			5. 其他应收款		
	2. 应付设备款		四	固定资产合计		
	3. 应付票据			固定资产原价		
	4. 应付工资及福利费			减：累计折旧		
	5. 其他应付款			固定资产净值		
七	未交款合计			固定资产清理		
	1. 未交税金			待处理固定资产损失		基建借款期末余额 基建结余资金
	2. 未交结余财政资金					
	3. 未交基建收入			填表说明： 资金来源合计扣除财政资金拨款与国家资本、资本金重叠部分。		
	4. 其他未交款					
	合计			合计		

编制：　　　　　　　　复核：　　　　　　　　建设单位负责人：

资金来源情况表

建设项目名称：　　　　单位：元　　　　第　　页 共　　页　　　　竣 2-1 表

序号	资金来源	年度		年度		年度		合计		补充资料
		计划数	实际数	计划数	实际数	计划数	实际数	计划数	实际数	
一	财政资金拨款									项目缺口资金，缺口资金落实情况
	1. 中央财政资金									
	其中：一般公共预算资金									
	中央基建投资									
	财政专项资金									
	政府性基金									
	国有资本经营预算安排的基建项目资金									
	政府统借统还非负债性资金									
	2. 地方财政资金									
	其中：一般公共预算资金									
	地方基建投资									
	财政专项资金									
	政府性基金									
	国有资本经营预算安排的基建项目资金									
	行政事业性收费									
	政府统借统还非负债性资金									
二	项目资本金									
	其中：国家资本									
三	银行贷款									
四	企业债券资金									
五	自筹资金									
六	其他资金									
	合计									

填表说明：

1. “计划数”指预算下达或概算批准金额，“实际数”指实际到位金额，需备注预算下达文号。
2. 需备注预算下达文号。

编制：　　　　复核：　　　　建设单位负责人：

交付使用资产总表

建设项目名称：　　　　　单位：元　　　　　第　页　共　页　　　　　竣 2-2 表

序号	单项工程名称	总计	公路公共基础设施	固定资产				流动资产	无形资产
				合计	建筑物及构筑物	设备	其他		
合计									

填表说明：

本表数据来源于竣 2-2-1 表。

编制：　　　　　复核：　　　　　建设单位负责人：

交付使用资产明细表

建设项目名称：　　　　单位：元　　　　竣 2-2-1 表

序号	单项工程名称	公路公共基础设施			固 定 资 产										流动资产		无形资产	
					建筑工程				设备，工具，器具，家具									
		数量	金额	其中：分摊待摊投资	结构	面积	金额	其中：分摊待摊投资	名称	规格型号	数量	金额	其中：设备安装费	其中：分摊待摊投资	名称	金额	名称	金额

编制：　　　　复核：

交付单位：　　　　负责人：　　　　接收单位：　　　　负责人：

盖章：　　　　年　　月　　日　　　　盖章：　　　　年　　月　　日

待摊投资明细表

建设项目名称：　　　　单位：元　　　　第　页　共　页　　　　竣 2-3 表

项　目	金　额	项　目	金　额
1. 勘察费		25. 社会中介机构审计（查）费	
2. 设计费		26. 工程检测费	
3. 研究试验费		27. 设备检验费	
4. 环境影响评价费		28. 负荷联合试车费	
5. 监理费		29. 固定资产损失	
6. 土地征用及迁移补偿费		30. 器材处理亏损	
7. 土地复垦及补偿费		31. 设备盘亏及毁损	
8. 土地使用税		32. 报废工程损失	
9. 耕地占用税		33. （贷款）项目评估费	
10. 车船税		34. 国外借款手续费及承诺费	
11. 印花税		35. 汇兑损益	
12. 临时设施费		36. 坏账损失	
13. 文物保护费		37. 借款利息	
14. 森林植被恢复费		38. 减：存款利息收入	
15. 安全生产费		39. 减：财政贴息资金	
16. 安全鉴定费		40. 企业债券发行费用	
17. 网络租赁费		41. 经济合同仲裁费	
18. 系统运行维护监理费		42. 诉讼费	
19. 项目建设管理费		43. 律师代理费	
20. 代建管理费		44. 航道维护费	
21. 工程保险费		45. 航标设施费	
22. 招投标费		46. 航测费	
23. 合同公证费		47. 其他待摊投资性质支出	
24. 可行性研究费		合计	

编制：　　　　　　　　　　　　复核：

待核销基建支出明细表

建设项目名称：　　　　　　　　　　单位：元　　　　　　　　　　第　页　共　页　　　　竣 2-4 表

不能形成资产部分的财政投资支出				用于家庭或个人的财政补助支出			
支出类别	单位	数量	金额	支出类别	单位	数量	金额
1. 江河清障				1. 补助群众造林			
2. 航道清淤				2. 户用沼气工程			
3. 飞播造林				3. 户用饮水工程			
4. 退耕还林（草）				4. 农村危房改造工程			
5. 封山（沙）育林（草）				5. 垦区及林区棚户区改造			
6. 水土保持				……			
7. 城市绿化							
8. 毁损道路修复							
9. 护坡及清理							
10. 取消项目可行性研究费							
11. 项目报废							
……				合计			

编制：　　　　　　　　　　　　　　　　　　　　复核：

转出投资明细表

建设项目名称： 单位：元 第 页 共 页 竣 2-5 表

序号	单项工程名称	公路公共基础设施			建筑工程				设备，工具，器具，家具							流动资产		无形资产	
		数量	金额	其中：分摊待摊投资	结构	面积	金额	其中：分摊待摊投资	名称	规格型号	单位	数量	金额	设备安装费	其中：分摊待摊投资	名称	金额	名称	金额
1																			
2																			
3																			
4																			
5																			
6																			
7																			
8																			
合计																			

编制： 复核：

交付单位： 负责人： 接收单位： 负责人：

盖章： 年 月 日 盖章： 年 月 日

建设项目竣工决算汇总表（合同格式）

建设项目名称：　　　　单位：元　　　　第　页　共　页　　　　竣3表

序号	标段或合同编号	工程（或合同）名称	里程（km）	施工（或合同签订）单位	合同价	变更（增）减金额	决算金额	备　注
1	2	3	4	5	6	7	8 =6 +7	9
第一部分　建筑安装工程费								
1								
2								
3								
4								
5								
第二部分　土地使用及拆迁补偿费								
1	……							
第三部分　工程建设其他费								
1	建设项目管理费							
2	研究试验费							
第四部分　预留费								
1	尾工工程							
	第一至第四部分合计							
第五部分　建设期贷款利息								
代扣代付项目增减建设成本								
	公路总造价							

填表说明：

1. “第一部分　建筑安装工程费”应按标段或合同名称分类列入全部费用项目；第二、第三部分等栏目按总额费用列入，具体费用额主要来源于对应的附表。
2. 表中“公路总造价”应与竣4表“公路总造价”闭合。
3. “变更（增）减金额”是指因变更引起合同价格变化的费用，变更是指设计变更和其他变更。其他变更指除设计变更外因合同约定发生变化等因素导致合同价格调整的变更，一般包含索赔、补偿、价差调整等引起的费用变化。
4. 本表为汇总表，应完整反映已签订合同的建筑安装工程的合同名称及签订单位等主要信息，涉及土地使用及拆迁补偿费、工程建设其他费等合同信息主要体现合同名称和价格信息即可。采用工程量清单计价方式的，可由3-1-i表汇总而来。

编制：　　　　复核：　　　　建设单位负责人：

工程结算费用表（合同清单格式）

建设项目名称：　　合同段：　　编制范围：　　单位：元　　第　页　共　页　　竣 3-1-*i* 表

清单子目编码	清单子目名称	单位	合同			变更			结算				备注
			数量	单价	合价	数量	单价	合价	数量	单价	合价	各项费用比例（%）	
1	2	3	4	5	6	7	8	9	10 = 4 + 7	11 = 12 ÷ 10	12 = 6 + 9	13	14

填表说明：

1. 本表主要用于公路建设项目单个标段或合同的结算。
2. 表中结算合价应与竣 4-1-*i* 表、竣 3 表中对应费用闭合。

编制：　　复核：

建设项目竣工决算汇总表（概预算格式）

建设项目名称： 单位：元 第 页 共 页 **竣 4 表**

工程或费用编码	工程或费用名称	单位	合同			变更			决算				备注
			数量	单价	合价	数量	单价	合价	数量	单价	合价	各项费用比例（%）	
1	2	3	4	5	6	7	8	9	10 = 4 + 7	11 = 12 ÷ 10	12 = 6 + 9	13	14
公路总造价													

填表说明：

1. 表中“公路总造价”应与竣 3 表“公路总造价”闭合。
2. “工程或费用编码”及“工程或费用名称”栏应按附录 B 填写；三级及以下等级公路的“工程或费用编码”及“工程或费用名称”可按初步设计概算（一阶段施工图预算）的深度填写。
3. “单价”由“合价”/“数量”形成。
4. 该表为汇总表，数据由竣 4-i（i = 1 ~ 7）表汇总形成。

编制： 复核： 建设单位负责人：

工程结算费用表（项目清单格式）

建设项目名称：　　合同段：　　编制范围：　　单位：元　　第　页　共　页　　竣 4-1-*i* 表

工程或费用编码	清单子目编码	工程或费用名称（或清单子目名称）	单位	合同			变更			结算				备注
				数量	单价	合价	数量	单价	合价	数量	单价	合价	各项费用比例（%）	
1	2	3	4	5	6	7	8	9	10	11 = 5 + 8	12 = 13 ÷ 11	13 = 7 + 10	14	15

填表说明：
1. 本表主要用于公路建设项目单个标段或合同的结算。
2. 表中结算总费用应与竣 3-1-*i* 表、竣 4 表中对应费用闭合。
3. “工程或费用编码”及“工程或费用名称”栏应按附录 B 填写；三级及以下等级公路的“工程或费用编码”及“工程或费用名称”按初步设计概算（一阶段施工图预算）的深度填写。
4. “工程或费用编码”和“清单子目编码”由“合价”/“数量”形成。

编制：　　复核：

土地使用及拆迁补偿费结算汇总表

建设项目名称：　　　　编制范围：　　　　单位：元　　　　第　页　共　页　　　　竣 4-2 表

工程或费用编码	征拆子目编码	工程或费用名称（或征拆子目名称）	单位	合同			变更			结算			各项费用比例（%）	备注
				数量	单价	合价	数量	单价	合价	数量	单价	合价		
1	2	3	4	5	6	7	8	9	10	11 = 5 + 8	12 = 13 ÷ 11	13 = 7 + 10	14	15
合计														

填表说明：

1. 本表主要用于永久征拆费用的结算。
2. 结算合计数据应与竣 3 表、竣 4 表的数据闭合。
3. 如工程征拆费用未采用清单化管理，“征拆子目编码”列可缺省；一级及以下等级公路的“工程或费用编码”及“工程或费用名称”可按初步设计概算（一阶段施工图预算）的深度填写。

编制：　　　　　　　　复核：

土地使用及拆迁补偿费结算表

建设项目名称：　　编制范围：　　合同签订单位：　　单位：元　　竣 4-2-i 表

工程或费用编码	征拆子目编码	工程或费用名称（或征拆子目名称）	单位	合同			变更			结算			备注
				数量	单价	合价	数量	单价	合价	数量	单价	合价	
1	2	3	4	5	6	7	8	9	10	11 = 5 + 8	12 = 13 ÷ 11	13 = 7 + 10	14
201		土地使用费	亩										
20101		永久征用土地	亩										
20102		临时用地	亩										
20103		水田占补平衡费	亩										
20104		耕地占补平衡费	亩										
……													
202		拆迁补偿费	公路公里										
20201		房屋及附属设施拆迁	m^2										
20202		管线拆迁	km										
2020201		电力	km										
……													
20203		其他拆迁费	公路公里										
203		其他补偿费	公路公里										
合计													

填表说明：
1. 本表主要用于永久征拆费用的单个标段或合同结算。
2. 表中结算总费用应与竣 4-2 表中对应费用闭合。
3. 如工程征拆费用未采用清单化管理，“征拆子目编码”可缺省；一级及以下等级公路的“工程或费用编码”及“工程或费用名称”可按初步设计概算（一阶段施工图预算）的深度填写。

编制：　　复核：

建设单位（业主）管理费汇总表

建设项目名称：

竣 4-3 表

序号	费用名称	单位	建设单位（业主）管理费发生年份					合计	各项费用比例（%）	备注
			年度	年度	年度	年度	……			
1	2	3	4	5	6	7	8	9 = 4 + 5 + …	10	11
1	工作人员工资性支出	元								
2	办公费	元								
3	会议费	元								
4	差旅交通费	元								
5	固定资产使用费	元								
6	零星固定资产购置费	元								
7	招募生产工人费	元								
8	技术图书资料费	元								
9	职工教育培训经费	元								
10	招标管理费	元								
11	合同契约公证费	元								
12	咨询费	元								
13	法律顾问费	元								
14	建设单位的临时设施费	元								
15	完工清理费	元								
16	竣（交）工验收费	元								
17	各种税费（房产税、车船使用税、印花税等）	元								
18	建设项目审计费	元								
19	境内外融资费用（不含建设期贷款利息）	元								
20	业务招待费	元								
21	工程质量、安全生产管理费	元								
22	其他管理性开支	元								
23	年度平均工作人员数量	人								
	合计									

填表说明：

1. 本表费用名目应按现行《公路工程建设项目概算预算编制办法》（JTG 3830）中规定的分类填制，不得随意更改。
2. 工作人员工资性支出包含工资、工资性津贴、施工现场津贴、社会保障费用、住房公积金、职工福利费、工会经费、劳动保护费。
3. 各项费用支出应有相应结算书或财务凭证，各年度费用应与财务年度报表中相应费用一致。
4. 合计数据应与竣 4 表的数据闭合。

编制：　　　　复核：

其他合同（费用）结算汇总表

建设项目名称：　　　　　　单位：元　　　　　　竣 4-4 表

序号	工程或费用名称	合　同　价	变更（增）减金额	其他费用金额	结 算 金 额	备　注
1	2	3	4	5	6 = 3 + 4 + 5	7
一	第一部分　建筑安装工程费					
二	第三部分　工程建设其他费					
1	建设项目信息化费					
2	工程监理费					
3	设计文件审查费					
4	竣（交）工验收试验检测费					
5	研究试验费					
6	建设项目前期工作费					
7	专项评价（估）费					
	……					
合计						

填表说明：
1. 应按“工程或费用名称”按分类列入全部对应费用项目。
2. 结算合计数据应与竣 3 表的数据闭合。
3. 本表数据来源于竣 4-4-X 表。
4. 本表中“工程或费用名称”按“竣 4-4-X 表”表名分列。

编制：　　　　　　复核：

××类合同（费用）结算表

建设项目名称：　　　　单位：元　　　　竣 4-4-×表

序号	合同编号	费用或合同名称	合同签订单位	合同价	变更（增）减金额	其他费用金额	结算金额	备　注
1	2	3	4	5	6	7	8 = 5 + 6 + 7	9
一		……						
二		……						
		……						
合计								

填表说明：

1. 此表适用于同一类费用有多份合同的情况。
2. 结算合计数据应与竣 3 表的数据闭合。
3. “××类合同（费用）结算表”应根据附录 B 的费用项分别编制，用于工程建设其他费用项的填列，包括建设项目信息化费、工程监理费、设计文件审查费、竣（交）工验收试验检测费、研究试验费、建设项目前期工作费、专项评价（估）费、联合试运转费、生产准备费、工程保通管理费、工程保险费、其他相关费用等。

编制：　　　　复核：

预留费用登记表（含尾工工程）

建设项目名称：　　　　　　　　　　　　　单位：元　　　　　　　　　　　　竣 4-5 表

序号	合同编号	工程项目名称	实施单位	合同金额	变更（增）减金额	结算金额	备　注
1	2	3	4	5	6	7 = 5 + 6	8
合计							

填表说明：
1. 按实际需要分别列入本表。
2. 合计数据应与竣 3 表、竣 4 表的数据闭合。

编制：　　　　　　　　　　　　　　　　　　　　　　复核：

建设期贷款利息汇总表

建设项目名称：　　　　　　　　　　单位：元　　　　　　　　　　竣 4-6 表

序　　号	放 贷 单 位	贷款时间		贷款金额	偿还金额	累计本金	应付利息	备　　注
		起	止					
1	2	3	4	5	6	7	8	9
1								
2								
3								
	……							
合计								

填表说明：
1. 存款利息总收入应冲减建设成本，以负数填列入本表。
2. 同一放贷单位可合并填报。
3. 结算合计数据应与竣 4 表的数据闭合。

编制：　　　　　　　　　　　　　　　　　　　　复核：

代扣代付项目增减建设成本汇总表

建设项目名称：　　　　　　　　　　　　单位：元　　　　　　　　　　　　**竣 4-7 表**

序号	费用项目名称	合同（或结算）编号	代扣单位名称	代扣金额	代付合同（或结算）编号	代付单位名称	代付金额	差额	备注
1	2	3	4	5	6	7	8	9 = 8 − 5	10
合计									

填表说明：
1. 本表针对工程结算过程中，存在部分由建设管理单位代为扣款（如税金、工程保险费等）的费用项目计入了工程结算费用的情况。
2. 编制工程决算时，应将这类代扣款和其实际支出相互抵充，差额列入工程决算中。
3. 结算合计数据应与竣 4 表的数据闭合。
4. “代扣金额”“代付金额”均按绝对值填写。

编制：　　　　　　　　　　　　　　　　　　　　　　　　复核：

全过程造价对比表

建设项目名称：　　　　第　页　共　页　　**竣 5 表**

工程或费用编码	工程或费用名称	单位	工可		初步设计		施工图设计		合同			决算			增减幅度（%）		备注
			数量	金额	数量	金额	数量	金额	数量	单价	合价	数量	单价	合价	数量	费用	
1	2	3	4	5	6	7	8	9	10	11	12	13	14	15	①16 = [（13 − 6）÷6] × 100% ②16 = [（13 − 8）÷8] × 100%	①17 = [（15 − 7）÷7] × 100% ②17 = [（15 − 9）÷9] × 100%	18

填表说明：

1. 本表内容应能实现从项目决策至竣工各阶段费用项目的对比，并与实施阶段的造价台账汇总表的内容相对应。
2. “增减幅度”指决算对比初步设计概算的增减，当批复费用为一阶段施工图设计时，第 16、17 列采用公式②。
3. 本表中单价项单位为“元”，合价项根据项目大小以“元”或“万元”为单位，所有阶段合价单位应统一。

编制：　　　　复核：　　　　建设单位负责人：

土地使用及拆迁补偿费工程造价执行情况对比表

建设项目名称：　　　　　　　　　　　　　　　　　　　　　　　　竣 5-1 表

工程或费用编码	清单子目编码	工程或费用名称	单位	初步设计			施工图设计			合同			变更			决算			备注
				数量	单价（元）	合价（元）	数量	单价（元）	合价（元）	数量	单价（元）	合价（元）	数量	单价（元）	合价（元）	数量	单价（元）	合价（元）	
2		土地使用及拆迁补偿费	公路公里																
201		土地使用费	亩																
20101		永久征用土地	亩																
		……	亩																
202		拆迁补偿费	公路公里																
20201		房屋及附属设施拆迁	m^2																
		……																	
合计																			

填表说明：项目管理单位可根据管理需要，以本表为基础，在标准预算项目节基础上细化费用项用，如增加桩号及部位划分，达到精细化管理目标。

编制：　　　　　　　　　　复核：　　　　　　　　　　建设单位负责人：

××高速公路××段竣工工程规模说明（示例）

××年××月，广东省发改委以《关于××高速公路建设项目可行性研究报告的批复》（粤发改〔××〕××号）批准该项目可行性研究报告。批准路线长14.7km，全线采用高速公路标准，路基宽××m，双向六车道，投资估算××万元（含建设期贷款利息）。由省××公司（甲方）和××公司（乙方）组建合作公司，注册资本不少于总投资的××%，总投资以内注册资本以外的建设资金通过银行贷款等方式解决。工程建成后通过设置收费站收取车辆通行费偿还投资本息。合作经营期××年（自合作公司营业执照签发之日起）。（项目立项核准情况）

××年××月，广东省交通运输厅以《关于××工程初步设计的批复》（粤交基函〔××〕××号）批准项目初步设计，批准路线全长××km（含××km北延线），设互通立交××座，特大桥××座，全线采用全封闭、全立交、完全控制出入、统一收费方式管理。路基宽度33m，桥涵与路基同宽，沥青砼路面。批复概算××万元（含建设期贷款利息××万元）。（项目初步设计批复情况）

项目法人为××高速公路有限公司；××设计院、××设计院（房建）负责工程设计；××监理有限公司负责工程监理；××公司等单位负责施工。（参建各方情况）

该项目由××公司与××公司合作投资，双方各占××%的股份，项目资本金××%来源于双方股东投入的资本金，其余资金通过银行贷款的方式解决。

全线分××个路基桥梁标、××个预制标、××个路面标、××个交通工程标、××个房建标、××个绿化标等共××个合同段，全线于××年××月××日开工建设，××年××月××日建成通车。由××公司主持交工验收，工程质量等级初评为优良。

该项目共签订合同××份，已全部结算完成，竣工决算报告由××公司于××年××月编制完成。（建设基本情况）

一、路线走向

该项目起于××，接××高速公路，跨××，经××，终于××，与××公路相连接。

二、技术标准、竣工规模

（一）技术标准

采用高速公路技术标准，主要技术指标如下：

1. 设计行车速度：××km/h。
2. 设计荷载：公路—×级。
3. 路基宽度：××m。
4. 桥隧宽度：与路基同宽。
5. 设计洪水频率：特大桥 1/300，其余桥涵、路基 1/100。
6. 地震动峰值加速度：0.×g。

(二) 竣工主要规模

竣工主要规模见表1。

竣工主要规模　　表1

工程名称	单位	数量	备　注
实施路线全长	km		主线长度，包含互通主线长度
路基宽度	m		高速公路标准，双向××车道
计价土石方	万 m^3		含互通主线××万 m^3，未含匝道××万 m^3、线外××万 m^3
排水防护工程	万 m^3		含互通主线××万 m^3，未含匝道××万 m^3、线外××万 m^3
水泥混凝土路面	万 m^2		含互通主线××万 m^2，未含匝道××万 m^2、线外××万 m^2
沥青混凝土路面	万 m^2		含互通主线××万 m^2，未含匝道××万 m^2、线外××万 m^2
特大桥	m/座		含互通主线××m/××座、未含互通匝道××m/××座
大桥	m/座		含互通主线××m/××座、未含互通匝道××m/××座
中小桥	m/座		含互通主线××m/××座、未含互通匝道××m/××座
涵洞	m/道		含互通主线××m/××道、未含互通匝道××m/××道
互通立交	m/处		××、××、××、××、××
分离式立交	处		××、××、××
通道	m/座		
连接线工程	km/处		
隧道	m/座		分离式：××隧道……； 连拱式：××隧道……； 小净距：××隧道……
收费站	处		占地××亩，建筑面积××m^2（不含收费雨棚投影面积××m^2）
管理中心	处		
服务区	处		
养护工区	处		
全线永久占地	亩		

全线计价土石方平均每路基公里××万 m^3；桥隧占路线比例为××%；涵洞平均每公里××道；互通立交平均××公里/处；永久占用土地平均每公里××亩。

三、竣工工程方案和主要工程量

(一) 路基工程

1. 路基

路基长××km。整体式路基宽××m，分离式路基宽××m。路幅布置为：中间带

××m（含左侧路缘带××m），行车道××m，硬路肩××m（含右侧路缘带××m），土路肩××m。

2. 软基处理方案

主要采取砂垫层、换填碎石、清淤换填、土工格栅、砂桩、袋装砂井和超载预压等处置。

3. 排水防护工程

排水工程主要采用浆砌片石排水沟、截水沟、碎石盲沟、急流槽。防护工程主要采用拱形骨架、人字形骨架、波浪形骨架、锚杆、锚索、钢锚管、客土喷播、普通喷播等方案。

4. 主要工程数量

计价土石方××万 m^3。排水圬工××万延米，防护圬工××万 m^3。锚索、锚杆防护××万延米。特殊路基处理××km。

（二）路面工程

路面工程具体情况见表2。

路面工程 表2

<table>
<tr><th colspan="2" rowspan="2">名　称</th><th colspan="3">沥青混凝土路面（××km）</th><th colspan="3">水泥混凝土路面（××km）</th></tr>
<tr><th>主线行车道</th><th>××连接线</th><th>……</th><th>隧道路面</th><th>收费广场路面</th><th>……</th></tr>
<tr><td rowspan="3">面层</td><td>上面层</td><td>××cm 沥青混凝土抗滑表层（AK-16A）</td><td>××cm 沥青混凝土抗滑表层（AK-16A）</td><td>……</td><td rowspan="3">××cm 水泥混凝土</td><td rowspan="3">××cm 水泥混凝土</td><td rowspan="3">……</td></tr>
<tr><td>中面层</td><td>××cm 中粒式沥青混凝土（AC-20I）</td><td>……</td><td>……</td></tr>
<tr><td>下面层</td><td>××cm 粗粒式沥青混凝土（AC-25I）</td><td>××cm 粗粒式沥青混凝土（AC-25I）</td><td>……</td></tr>
<tr><td colspan="2">封层</td><td>……</td><td>……</td><td>……</td><td>……</td><td>……</td><td>……</td></tr>
<tr><td colspan="2">黏层</td><td>……</td><td>……</td><td>……</td><td>……</td><td>……</td><td>……</td></tr>
<tr><td colspan="2">透层</td><td>……</td><td>……</td><td>……</td><td>……</td><td>……</td><td>……</td></tr>
<tr><td colspan="2">基层</td><td>××cm 6% 水泥稳定级配碎石</td><td>××cm 6% 水泥稳定级配碎石</td><td></td><td>××cm 6% 水泥稳定级配碎石</td><td>××cm 6% 水泥稳定级配碎石</td><td></td></tr>
<tr><td colspan="2">底基层</td><td>××cm 4% 水泥稳定粒料</td><td>××m 4% 水泥稳定粒料</td><td></td><td>××cm 4% 水泥稳定粒料</td><td>××cm 4% 水泥稳定粒料</td><td></td></tr>
<tr><td colspan="2">垫层</td><td>……</td><td>……</td><td>……</td><td>……</td><td>……</td><td>……</td></tr>
<tr><td colspan="2">总厚度</td><td>……</td><td>……</td><td>……</td><td>……</td><td>……</td><td>……</td></tr>
</table>

完工主要工程量：沥青混凝土路面××万 m^2，水泥混凝土路面××万 m^2。

（三）桥涵工程（不含互通主线）

1. 特大、大桥具体情况

特大、大桥具体情况见表3。

特大、大桥具体情况　　表 3

序号	中心桩号	桥名	桥面净宽（m）	全桥宽（m）	孔数及孔径（孔×m）	桥长（m）	结构类型		备注
							上部构造	下部构造及基础	
1	K××	××大桥	××	××	××××+ ××××	××	先简支后结构连续预应力混凝土T梁	空心墩、矩形墩，柱式台，桩基础	高架桥
2	K××	××大桥	××	××	××××+ ××××+ ××××+ ××××	××	先简支后桥面连续预应力混凝土T梁	柱式墩，柱式台，桩基础	兼汽通
3	K××	××大桥	××	××	××××+ ××××	××	先简支后桥面连续预应力混凝土T梁	柱式墩，柱式台，桩基础	高架桥
	……								

2. 一般中、小桥

共设中桥××m/××座、小桥××m/××座。上部构造基本采用××m、××m、××m 预应力混凝土空心板。下部结构多采用轻型墩台，柱式墩，柱式、肋板式桥台，钻孔灌注桩基础或扩大基础。

3. 涵洞

主线圆管涵××m/××座，盖板涵××m/××座，……

（四）交叉工程

设××、……共××处互通立交。（可以表格反映，互通主要反映桥梁、隧道等主要构造物）

1. 互通立交

互通立交××m/××处。具体情况见表 4。

互通立交具体情况　　表 4

名称	互通形式及跨越方式	互通主线工程					互通匝道工程					
		互通主线长度（km）	桥涵工程				互通匝道长度（km）	互通匝道宽度（m）	桥涵工程			
			特大（m/座）	大桥（m/座）	中、小桥（m/座）	涵洞（m/道）			特大（m/座）	大桥（m/座）	中、小桥（m/座）	涵洞（m/道）
××互通												
××互通												
××互通												

2. 分离式立交

分离式立交桥××m/××处。具体情况见表5。

分离式立交具体情况 表5

序号	中心桩号	名称	桥面净宽（m）	全桥宽（m）	孔数及孔径（孔×m）	桥长（m）	结构类型		备注
							上部构造	下部构造及基础	
1	K××	××分离式立交	××	××	×××× + ××××	××	先简支后结构连续预应力混凝土T梁	空心墩、矩形墩，柱式台，桩基础	高架桥
2	K××	××分离式立交	××	××	×××× + ×××× + ×××× + ××××	××	先简支后桥面连续预应力混凝土T梁	柱式墩，柱式台，桩基础	兼汽通
3	K××	××分离式立交	××	××	×××× + ××××	××	先简支后桥面连续预应力混凝土T梁	柱式墩，柱式台，桩基础	高架桥

3. 通道（不含互通部分）

盖板通道××m/××座，……。

4. 连接线

××km/××处，……。

（五）隧道

共设隧道××座，其中：分离式隧道××座，单洞合计长××m（左洞长××m，右洞长××m），建筑限界高××m，净宽××m，全洞设置××处车行横洞，××处人行横洞；设连拱隧道××座，洞身合计长××m，建筑限界高××m，净宽××m；……。采用削竹式和端墙式洞口，纵向射流式通风，……。具体情况见表6。

隧道具体情况 表6

隧道名称	隧道形式	洞口形式	通风形式	左洞长（m）	右洞长（m）	平均洞长（m）
××隧道	左右线分离布设	削竹式	诱导式（射流风机）纵向通风	××	××	××
……						

（六）机电、交通工程

1. 机电工程

由监控、通信、收费和供电照明系统组成，全线采用封闭式收费制式，纳入××联网收费区域，采用“监控中心－监控外场”二级监控信息体制结构。全线设××处通信中心，××处无人通信站；设××处匝道收费站，共计××条收费车道（其中MTC××条，ETC××条）；设××处监控中心，门架式可变情报板××套。

2. 交通安全设施

设波形护栏××m，交通标志××处，隔离栅××m，轮廓标××个，路面标线××m^2,突起路标××个。

（七）管理、养护及服务房屋

1. 收费站

除××为主线收费站外，其余均为互通匝道设站。共设收费站××处，分别为××收费站、……，合计建筑面积××m^2，占地××亩。

2. 管理中心

设××管理中心××处，实施建筑面积××m^2，占地面积××亩。

3. 服务区

设××服务区××处，合计建筑面积××m^2，占地××亩。

4. 养护工区

设××养护工区××处，合计建筑面积××m^2，占地××亩。

5. 收费广场

设收费广场××处，大棚建筑面积××m^2，收费车道××道。

……

管理及附属设施实际实施房建规模建筑面积为××m^2（不含收费雨棚投影面积××m^2），占地××亩。

四、重大、较大设计变更情况

实施阶段主要的重大、较大设计变更见表7。

实施阶段主要的重大、较大设计变更　　表7

序号	工程类别	名称	审批情况		合同结算情况		备注
			文号	批复金额（万元）	变更编号	结算金额（万元）	
1	路基工程	K××+×××~K××+×××软基处理设计变更	粤交基〔20××〕××号	××	××	××	超过厅批复金额，具体原因见表下说明
2		K××+×××~K××+×××边坡防护设计变更	粤交基〔20××〕××号	××	××	××	控制在厅批复金额以内

续上表

序号	工程类别	名称	审批情况		合同结算情况		备注
			文号	批复金额（万元）	变更编号	结算金额（万元）	
3	桥梁工程	××大桥工程设计变更	粤交基〔20××〕××号	××	××	××	超过厅批复金额，具体原因见表下说明
4		K×× + ××× ~ K×× + ××× 路改桥设计变更	粤交基〔20××〕××号	××	××	××	控制在厅批复金额以内
5		……					

超厅批复金额原因说明：

（1）K×× ~ K××边坡防护设计变更：××××年××月，省交通运输厅批复该项设计变更（粤交基〔××〕××号），同意边坡加固方案，批复设计变更预算增加费用××万元。实际结算费用为××万元，超厅批复××万元。超出原因主要为××。

（2）K×× ~ K××路改桥设计变更：××××年××月，省交通运输厅批复该项设计变更（粤交基〔××〕××号），同意路改桥设计变更方案，批复设计变更预算增加费用××万元。实际结算费用为××万元，超厅批复××万元。超出原因主要为××。

……

五、竣工决算情况

该项目竣工决算为××万元，其中建安工程结算合同共××份，中小变更共××份，均按规定处理完成；建安工程数量按合同 + 变更确定，单价采用合同单价，新增单价采用××原则确定。竣工决算与批复概算对比超（下降）××万元，超幅（降幅）××%，主要原因是××。

六、其他说明

……

××公司（盖章）

××××年××月××日

标段基本情况表

建设项目名称：　　　　　　　　　　　　　　　　　　　　　　竣辅 1 表

序号	标段类别	标段名称	单位名称	起讫桩号	路线长度（km）	合同工期（月）	开工/完工日期	招标控制价（万元）	下浮率（%）	合同价（万元）	变更		结算价（万元）
											份数	金额（万元）	
1	2	3	4	5	6	7	8	9	10 = （9 − 11）÷9 × 100%	11	12	13	14
1													
2													
3													
4													
5													

编制：　　　　　　　　　　　　　　　　　　　　　　　　　　复核：

标段划分情况表

建设项目名称：

竣辅 1-1 表

序号	标段名称	标段类别	起讫桩号	工程规模（如路线长度）	工程范围及内容	招标方式	合同计价方式	招标时间	备注
		填表说明：							
		本表应填列施工、监理、勘察设计等类别标段的情况。							

编制：　　　　　　复核：

工程变更台账汇总表

建设项目名称：　　　　　　　　数据截止日期：　　　　　　　　第　页　共　页　　　　**竣辅2表**

序号	合同段	变更工程名称	变更原因及主要内容	变更批复		合同变更确认情况						备注
						承包人申报情况		项目管理单位确认情况				
				批复文号	增减费用（元）	申报单编号	增减费用（元）	变更令编号	批复文号	增（减）费用（元）		
1		2	3	8	9	12	13	14	15	16		17
一		重大设计变更										
1												
		……										
		小计										
二		较大设计变更										
1												
		……										
		小计										

填表说明：

1. 对于重大、较大设计变更，应在“备注”栏填写批复单位。
2. 表中“合同段变更统计”数据来源于竣辅2-i表。

序号	合同段变更统计	变更费用（元）						份数		备注
		变更前		增减		变更后				
		申报	批复	申报	批复	申报	批复	申报	批复	
三										
1	××合同段									
2	××合同段									
	……									
小计										

编制：　　　　　　　　　　　　　　　　　　　　　　　　复核：

工程变更台账表

建设项目名称：　　　　　　合同段：

编制范围：　　　　　　数据截止时间：　　　　　　第　页　共　页　　　　　　**竣辅 2-i 表**

序号	变更编号	变更工程名称	变更原因及主要内容	变更发生时间	变更费用（元）						变更依据（附件）	变更性质	备注
					变更前		增减		变更后				
					申报	批复	申报	批复	申报	批复			
合计													

填表说明：

1. 此表按合同段逐一填报，含重大、较大、一般等所有工程变更。
2. 变更编号为项目建设单位编制的变更号，“备注”栏一般填写批复文件号。
3. “变更工程名称”按附录 B 中的临时工程、路基工程等单项工程分类，也可按单次变更工程桩号范围、内容分类。
4. 本表应以合同段为单位编制，汇总各合同段数据至竣辅 2 表。
5. “变更原因及主要内容”应简要阐述。
6. “合计”栏数据应与竣 3-1-i 表、竣 4-1-i 表中相应数据闭合。
7. “变更性质”栏按项目变更分类填写（如：重大、较大、一般，或 A、B、C、D、E 类）。

编制：　　　　　　　　　　复核：

主要技术标准及工程规模统计表

建设项目名称：

竣辅 3 表

序号	名称		单位	信息或工程量				
一	项目基本信息		公路公里					
1	工程所在地							
2	地形类别							
3	新建/改（扩）建							
4	公路技术等级		级					
5	设计速度		km/h					
6	路面类型及结构层厚度（水泥/沥青）		cm					
7	路基宽度		m					
8	路线长度		公路公里					
9	桥梁长度		km					
10	隧道长度		km					
11	桥隧比例		%					
12	互通式立体交叉数量		km/处					
13	支线、联络线长度		km					
14	辅道、连接线长度		km					
二	标段名称			××标	××标	××标	××标	合计
	标段类别			路基标	桥涵标	隧道标	……	
1	起讫桩号							
2	路线长度（km）							
3	桥隧比（%）							
4	路基工程	路基长度	km					
5		路基宽度	m					

主要技术标准及工程规模统计表

建设项目名称：

续上表

序号	名称		单位	信息或工程量				
二	标段名称			××标	××标	××标	××标	合计
	标段类别			路基标	桥涵标	隧道标	……	
6	路基工程	路基挖方	m^3					
7		路基填方	m^3		填表说明： 1. 路基挖方包括路基挖土石方、非适用材料及淤泥的开挖等。路基填方包括路基土石方填筑、结构物台背回填等。 2. 桥隧比 = 主线桥隧长度/主线长度（含互通主线）。			
8		排水圬工	m^3					
9		防护圬工	m^3					
10		特殊路基处理	km					
11	路面工程	水泥混凝土路面	m^2					
12		沥青混凝土路面	m^2					
13	桥涵工程	涵洞	m／座					
14		中小桥	m／座					
15		大桥	m／座					
16		特大桥	m／座					
17	隧道工程	小净距隧道	km／座					
18		分离式隧道	km／座					
19		连拱隧道	km／座					
20		其他隧道	km／座					
21	交叉工程	平面交叉	处					
22		通道	m／处					
23		人行天桥	m／座					
24		渡槽	m／处					
25		分离式立交	km／处					

主要技术标准及工程规模统计表

建设项目名称：

续上表

序号	名称				单位	信息或工程量				
二	标段名称					××标	××标	××标	××标	合计
	标段类别					路基标	桥涵标	隧道标	……	
26	交叉工程	互通立交	处数		处					
27			主线	主线长度	km					
28				路基挖方	m^3					
29				路基填方	m^3					
30				排水圬工	m^3					
31				防护圬工	m^3					
32				特殊路基处理	km					
33				水泥混凝土路面	m^2					
34				沥青混凝土路面	m^2					
35				涵洞	m/座					
36				通道	m/处					
37				中小桥	m/座					
38				大桥	m/座					
39				特大桥	m/座					
40			匝道	匝道长度	km					
41				路基挖方	m^3					
42				路基填方	m^3					
43				排水圬工	m^3					
44				防护圬工	m^3					
45				特殊路基处理	km					
46				水泥混凝土路面	m^2					

主要技术标准及工程规模统计表

建设项目名称： 续上表

序号	名称				单位	信息或工程量				
二	标段名称					××标	××标	××标	××标	合计
	标段类别					路基标	桥涵标	隧道标	……	
47	交叉工程	互通立交	匝道	沥青混凝土路面	m^2					
48				涵洞	m／座					
49				通道	m／处					
50				中小桥	m／座					
51				大桥	m／座					
52				特大桥	m／座					
53	交通工程	交通安全设施			公路公里					
54		机电设备及安装工程			公路公里					
55		管理养护服务房屋工程	管理中心		处/m^2					
56			养护工区		处/m^2					
57			服务区		处/m^2					
58			停车区		处/m^2					
59			收费站		处/m^2					
60			……							
61			合计		m^2					
62		绿化及环境保护工程			公路公里					
63	其他工程	联络线、支线工程			km／处					
64		连接线工程			km／处					
65		辅道工程			km／处					
	……									

编制： 复核：

桥梁工程规模统计表

建设项目名称：　　　　　　　　　　　　　　　　　　　　　　竣辅 3-1 表

<table>
<tr><th rowspan="3">标段名称</th><th rowspan="3" colspan="2">桥梁名称</th><th rowspan="3">设 置 位 置</th><th rowspan="3">河床
地质
情况</th><th rowspan="3">桥型及
桥跨组合
（m）</th><th rowspan="3">桥梁
全长
（m）</th><th rowspan="3">桥梁
宽度
（m）</th><th rowspan="3">桥面
面积
（m²）</th><th colspan="3">结 构 类 型</th><th rowspan="3">通航
等级</th><th rowspan="3">备注</th></tr>
<tr><th rowspan="2">上部构造</th><th colspan="2">下部构造</th></tr>
<tr><th>墩柱及基础</th><th>桥台及基础</th></tr>
<tr><td rowspan="7">××标</td><td rowspan="3">主线</td><td>××特大桥</td><td>K×× + ××× ~
K×× + ×××</td><td>土质河床</td><td>左幅：×× ×30 + ×× ×50 + …预应力混凝土连续箱梁；右幅：× × × 30 + ×× ×50 + …预应力混凝土连续箱梁</td><td></td><td></td><td></td><td></td><td></td><td></td><td></td><td></td></tr>
<tr><td>××大桥</td><td>K×× + ××× ~
K×× + ×××</td><td>土质河床</td><td>×× × ××</td><td colspan="6" rowspan="4">填表说明：
1. 桥梁全长：对有桥台的桥梁，应为两岸桥台侧墙或八字墙尾端间的距离；对无桥台的桥梁，应为桥面系行车道长度。
2. 桥梁宽度：行车道加人行道或安全带或桥梁护栏的宽度并计算至外缘。
3. 桥面面积 = 桥梁全长 × 桥梁宽度。</td><td></td><td></td></tr>
<tr><td>××大桥</td><td>K×× + ××× ~
K×× + ×××</td><td>土质河床</td><td>×× × ××</td><td></td><td></td></tr>
<tr><td rowspan="3">互通
主线</td><td>××特大桥</td><td>K×× + ××× ~
K×× + ×××</td><td>土质河床</td><td>×× × ××</td><td></td><td></td></tr>
<tr><td>××大桥</td><td>K×× + ××× ~
K×× + ×××</td><td>土质河床</td><td>×× × ××</td><td></td><td></td></tr>
<tr><td>××大桥</td><td>K×× + ××× ~
K×× + ×××</td><td>土质河床</td><td>×× × ××</td><td></td><td></td><td></td><td></td><td></td><td></td><td></td><td></td></tr>
<tr><td colspan="5">小计</td><td></td><td></td><td></td><td></td><td></td><td></td><td></td><td></td></tr>
<tr><td rowspan="3">××标</td><td>……</td><td>……</td><td></td><td></td><td></td><td></td><td></td><td></td><td></td><td></td><td></td><td></td><td></td></tr>
<tr><td>……</td><td>……</td><td></td><td></td><td></td><td></td><td></td><td></td><td></td><td></td><td></td><td></td><td></td></tr>
<tr><td colspan="5">小计</td><td></td><td></td><td></td><td></td><td></td><td></td><td></td><td></td></tr>
<tr><td></td><td></td><td></td><td></td><td></td><td></td><td></td><td></td><td></td><td></td><td></td><td></td><td></td><td></td></tr>
<tr><td></td><td></td><td></td><td></td><td></td><td></td><td></td><td></td><td></td><td></td><td></td><td></td><td></td><td></td></tr>
<tr><td colspan="6">全线合计</td><td></td><td></td><td></td><td></td><td></td><td></td><td></td><td></td></tr>
</table>

编制：　　　　　　　　　　　　　　　　　　　　　　　　　　复核：

隧道工程规模统计表

建设项目名称：

竣辅 3-2 表

标段名称	隧道等级	隧道名称	隧道类型	围岩情况					洞口形式	通风方式	隧道长度（m）	建筑界限净宽（m）	隧道面积（m^2）
				Ⅰ级围岩（%）	Ⅱ级围岩（%）	Ⅲ级围岩（%）	Ⅳ级围岩（%）	Ⅴ级围岩（%）					
××标	特长隧道	××隧道	分离式（左线××m，右线××m）										
		××隧道	连拱										
	长隧道	××隧道	连拱										
		××隧道	分离式（左线××m，右线××m）										
	中隧道	××隧道											
	短隧道	××隧道											
	小计												
××标	特长隧道	××隧道	分离式（左线××m，右线××m）										
	长隧道	××隧道	连拱										
	中隧道	××隧道											
	短隧道	××隧道											
	小计												
合计													

填表说明：
1. 对于分离式隧道，长度为双洞平均长度。
2. 隧道面积指隧道建筑界限净宽乘以隧道长度。
3. “围岩情况”填写各类型围岩的大致比例，例如Ⅲ级围岩占 40%。

编制：　　　　　　复核：

互通工程规模统计表

建设项目名称：

竣辅 3-3 表

标段名称	互通名称	互通形式及跨越方式	起讫桩号	主线											匝道												备注
				主线长度	涵洞		小桥		中桥		大桥		特大桥		匝道长度	匝道宽度	涵洞		小桥		中桥		大桥		特大桥		
				m	m	道	m	座	m	座	m	座	m	座	m	m	m	道	m	处	m	座	m	座	m	座	
××标	××互通		K××+×××～K××+×××																								
	××互通																										
	××互通																										
小计（共　处）																											
××标	××互通																										
	××互通																										
	××互通																										
小计（共　处）																											
合计（共　处）																											

填表说明：

匝道有多种宽度时，可以“××m/××m/××m”表示。

编制：　　　　　　　　　　　　复核：

房建工程规模统计表

建设项目名称：　　　　竣辅 3-4 表

名　　称	单位	××标						××标			合计	备注
		收费站	××管理中心	养护工区	服务区	停车区	隧道管养房屋	收费站	××管理中心	……		
总用地面积	亩											
建筑物占地面积	m^2											
道路、广场、停车场面积	m^2											
运动场面积	m^2											
连接通道道路面积	m^2											
绿化面积	m^2											
加油站占地面积	m^2											
植草砖面积	m^2											
广场砖铺地面积	m^2											
通透围墙	m											
围墙	m											
房屋总建筑面积	m^2											
其中： （1）办公综合楼	m^2											
（2）收费人员宿舍楼	m^2											
（3）管理人员宿舍楼	m^2											
（4）养护综合楼	m^2											
（5）水泵房	m^2											
（6）配电房	m^2											
（7）污水处理	T/H											
（8）门卫房	m^2											
1.2m 宽碎石小道	m											

编制：　　　　复核：

房建指标统计表

建设项目名称：

竣辅 3-5 表

标段名称	单位名称	实施占地面积（亩）	概算批复面积（m^2）	实施建筑面积（m^2）	结算费用（万元）			结算费用明细（万元）											
									其中										
					合同价	变更费用	结算价	总计	房建主体	场区道路	服务区广场	场地平整（含围筑）	绿化	运动设施	设备及其他	其他	100章费用	房建指标（万元/m^2）	房建综合指标（万元/m^2）
1	2	3	4	5	6	7	8 = 6 + 7	9	10	11	12	13	14	15	16	17	18	19 = 10 ÷ 5	20 = 9 ÷ 5
××标																			
××标																			
××标																			
××标																			
合计																			

编制：　　　　　　　　　　　　　　　　复核：

各阶段主要工程规模对比表

建设项目名称：　　　　　　　　　　　　　　　　　　　　　　竣辅 4 表

名　称		单位	各阶段主要工程数量			对比情况		备　注
			批复的初步设计	批复的施工图设计	竣工实际完成	竣工与初步设计对比	竣工与施工图设计对比	
1		2	3	4	5	6 = 5 − 3	7 = 5 − 4	8
路线全长		km						
主要工程规模	路基挖方	万 m^3						各阶段主要工程数量为主线、互通主线合计数量（不含互通匝道、连接线工程及线外工程）
	路基填方	万 m^3						
	排水圬工	万 m^3						
	防护圬工	万 m^3						
	特殊路基处理	km						
	水泥混凝土路面	万 m^2						
	沥青混凝土路面	万 m^2						
	涵洞	m／道						
	中小桥	m／座						
	大桥	m／座						
	特大桥	m／座						
	小净距隧道	km／座						
	分离式隧道	km／座						
	连拱隧道	km／座						
	其他隧道	km／座						
	平面交叉	处						
	通道	m／处						
	人行天桥	m／座						
	渡槽	m／处						

各阶段主要工程规模对比表

建设项目名称：

续上表

名称		单位	各阶段主要工程数量			对比情况		备注	
			批复的初步设计	批复的施工图设计	竣工实际完成	竣工与初步设计对比	竣工与施工图设计对比		
主要工程规模	分离式立交	km/处							
	互通式立交	km/处							
	联络线、支线工程	km/处							
	连接线工程	km/处							
	辅道工程	km/处							
服务设施	管理中心	处						占地××亩，建筑面积××m^2（不含收费雨棚投影面积××m^2）	
	养护工区	处							
	服务区	处							
	停车区	处							
	收费站	处							
占地	永久征用土地	亩							

编制：　　　　复核：

建设期贷款利息计算表

建设项目名称：

合同名称：　　　　合同编号：　　　　放贷单位：　　　　竣辅5表

序号	贷款时间		贷款金额（元）	偿还金额（元）	累计本金（元）	计息期间	日数	利率	应付利息（元）	凭证编号
	起	止								
建设期贷款利息合计										

填表说明：

应根据放贷单位的不同贷款批次或计息方式填报本表，针对各银行已支付利息数据进行列示并提供相关的凭证作为依据。

编制：　　　　复核：

合同支付台账表

建设项目名称：　　　　数据截止日期：　　　　第　页　共　页　　　　**竣辅 6 表**

序号	合同类别	合同编号	结算书编号	合同名称	签约单位	合同金额（元）	结算金额（元）	累计应扣款（元）	累计应支付（元）	累计已支付（元）	待支付（元）	支付比例（%）	备注
1	2	3	4	5	6	7	8	9	10 = 8 − 9	11	12 = 10 − 11	13 = 11 ÷ 10	14
合计													

填表说明：

1. 本表应完整地将建设项目的合同、协议发生的费用和支付情况一一列出，以便及时了解合同履约情况，并应根据合同实际履约情况及时更新。
2. 备注栏可说明是否签订结算、超支付原因及其他需说明的情况。

编制：　　　　　　　　复核：

7.2 审核文件

竣工决算审核文件

审核单位：　　　　　（盖章）

审核日期：××××年××月××日

（封面）

××公路工程建设项目竣工决算

审核文件

审 核 人：　　（签字并盖章）

复 核 人：　　（签字并盖章）

审核单位：　　（盖章）

审核时间：××××年××月××日

（扉页）

目　录

××公路工程建设项目竣工决算审核意见

××（单位）对××编制的《××公路建设项目竣工决算报告》进行了审核。

××年××月，国家发展改革委以《国家发展改革委关于××公路项目核准的批复》（发改交运〔××〕××号）同意建设××公路。批准路线全长约××km，全线采用双向××车道高速公路标准建设，设计速度××km/h，路基宽度××m。全线设置××等互通立交××处，另建设××连接线约××km，采用二级公路标准，设计速度采用××km/h，路基宽度××m。项目总投资核定为××亿元（静态投资××亿元），其中资本金××亿元（占项目总投资的××%），由××公司出资；其余××亿元投资申请国内银行贷款解决。本项目经营期限控制在××年之内。经营期内，收取车辆通行费作为投资回报。经营期满后，本项目将无偿移交省地方交通运输主管部门。**（项目立项情况）**

××年××月，交通运输部以《关于××公路初步设计的审核意见》（交公路发〔××〕××号）批复了该项目的初步设计。批复路线全长××km，采用四车道高速公路技术标准，设计速度为××km/h，路基宽××m。全线设置××处互通立交。另建××连接线××km，连接线采用二级公路标准。批复概算为××万元（含建设期贷款利息××万元），平均每公里造价××万元。项目总工期（自开工之日起）为××年。**（初步设计批复情况）**

该项目由××公司负责建设，××设计院有限公司等负责工程设计，××公司等负责工程监理，××公司、××公司等单位负责工程施工。本项目先行控制性工程××工程于××年××月开工，××年××月全线开工建设，于××年××月全线建成通车。交工验收质量等级为合格。**（项目实施情况）**

××（单位）于××年××月完成了竣工决算报告的编制工作。根据公路建设项目竣工决算相关管理规定和行业标准，结合项目前期批复意见及项目竣工资料，××（单位）对该项目竣工决算进行了审核，形成审核意见。

一、路线走向

项目起点位于××，起自××，与××公路相接，经××、××，止于××，与××高速公路相连。

二、技术标准及竣工规模

（一）技术标准

采用××公路技术标准，主要技术指标如下：

（1）设计速度：××km/h（K××～K××段）。

（2）汽车荷载等级：公路—×级。

（3）设计洪水频率：特大桥1/300，其余桥涵、路基1/100。

（4）路基宽度：整体式路基标准宽度××m，分离式路基标准宽度××m。

（5）桥涵宽度：××m。

（6）隧道净宽：××m。

（7）地震动峰值加速度：0.×g。

（二）竣工规模

竣工规模见表1。

竣 工 规 模　　表1

名　称	单位	数　量	备　注
实施路线全长	km		主线长度，包含互通主线长度
路基宽度	m		高速公路标准，双向××车道
挖方	万m^3		含互通主线××万m^3，未含匝道××万m^3、线外××万m^3
填方	万m^3		
排水防护工程	万m^3		含互通主线××万m^3，未含匝道××万m^3、线外××万m^3
特殊路基处理	km		含互通主线××km，未含匝道××km、线外××km
水泥混凝土路面	万m^2		含互通主线××万m^2，未含匝道××万m^2、线外××万m^2
沥青混凝土路面	万m^2		含互通主线××万m^2，未含匝道××万m^2、线外××万m^2
特大桥	m/座		含互通主线××m/××座、未含互通匝道××m/××座
大桥	m/座		含互通主线××m/××座、未含互通匝道××m/××座
中小桥	m/座		含互通主线××m/××座、未含互通匝道××m/××座
涵洞	m/道		含互通主线××m/××道、未含互通匝道××m/××道
分离式立交	处		××、××、××
互通立交	m/处		××、××、××、××、××

续上表

名　称	单位	数　量	备　注
平面交叉	处		××、××、××
通道	m/座		
连接线工程	km/处		
隧道	m/座		分离式：××隧道……； 连拱式：××隧道……； 小净距：××隧道……
收费站	处		占地××亩，建筑面积×× m^2 （不含收费雨棚投影面积×× m^2）
管理中心	处		
服务区	处		
养护工区	处		
全线永久占地	亩		

全线挖方、填方平均每路基公里分别为××万 m^3、××万 m^3；桥隧占路线比例为××%；涵洞平均每路基公里××道；互通立交平均××公里/处；永久占用土地平均每公里××亩。

三、竣工工程方案和主要工程量

（一）路基工程

（1）路基长度××km；整体式路基宽××m，分离式路基宽××××m。路幅布置为：中间带××m（含左侧路缘带×××m），行车道××××m，硬路肩××××m（含右侧路缘带××××m），土路肩××××m。

（2）软基处理方案：主要采取砂垫层、换填碎石、清淤换填、土工格栅、砂桩、袋装砂井和超载预压等处置。

（3）排水防护工程：排水工程主要采用浆砌片石排水沟、截水沟、碎石盲沟、急流槽；防护工程主要采用拱形骨架、人字形骨架、波浪形骨架、锚杆、锚索、钢锚管、客土喷播、普通喷播等方案。

（4）主要工程数量：计价土石方××万 m^3；排水圬工××万延米，防护圬工××万 m^3；锚索、锚杆防护××万延米；特殊路基处理××km。

（二）路面工程

完工主要工程量：沥青混凝土路面××万 m^2，水泥混凝土路面××万 m^2，见表2。

路面工程主要工程量 表2

名称		沥青混凝土路面（××km）（主线K××～K××、连接线K××～K××）			水泥混凝土路面（××km）（主线K××～K××、连接线K××～K××）		
		主线行车道	××连接线	……	隧道路面	收费广场路面	……
面层	上面层	××cm沥青混凝土抗滑表层（AK-16A）	××cm沥青混凝土抗滑表层（AK-16A）				
	中面层	××cm中粒式沥青混凝土（AC-20I）			××cm水泥混凝土	××cm水泥混凝土	
	下面层	××cm粗粒式沥青混凝土（AC-25I）	××cm粗粒式沥青混凝土（AC-25I）				
封层							
黏层							
透层							
基层		××cm 6%水泥稳定级配碎石	××cm 6%水泥稳定级配碎石		××cm 6%水泥稳定级配碎石	××cm 6%水泥稳定级配碎石	
底基层		××cm 4%水泥稳定粒料	××cm 4%水泥稳定粒料		××cm 4%水泥稳定粒料	××cm 4%水泥稳定粒料	
垫层							
总厚度（cm）							

（三）桥涵工程（不含互通主线）

1. 特大、大桥

特大、大桥具体情况见表3。

特大、大桥 表3

序号	中心桩号	桥名	桥面净宽（m）	全桥宽（m）	跨径布置（m）	桥长（m）	结构类型		备注
							上部构造	下部构造及基础	
1	K××	××大桥	××	××	××××××+×××××	××	先简支后结构连续预应力混凝土T梁	空心墩、矩形墩，柱式台，桩基础	高架桥
2	K××	××大桥	××	××	××××××+××××××+××××××+×××××	××	先简支后桥面连续预应力混凝土T梁	柱式墩，柱式台，桩基础	兼汽通
3	K××	××大桥	××	××	××××××+×××××	××	先简支后桥面连续预应力混凝土T梁	柱式墩，柱式台，桩基础	高架桥
	……								

2. 一般中、小桥

共设中桥××m/××座、小桥××m/××座。上部构造基本采用4m、6m、8m、13m、16m、20m预应力混凝土空心板，下部结构多采用轻型墩台、柱式墩、柱式（肋板式）桥台、钻孔灌注桩基础或扩大基础。

3. 涵洞

主线圆管涵××m/××座，盖板涵××m/××座，……。

（四）交叉工程

设××、……共××处互通立交。(**可以表格反映，互通主要反映桥梁、隧道等主要构造物**)

1. 互通立交

互通立交××m/××处。具体情况见表4。

互 通 立 交　　表4

名称	互通形式及跨越方式	互通主线工程					互通匝道工程					
		互通主线长度（km）	桥涵工程				互通匝道长度（km）	互通匝道宽度（m）	桥涵工程			
			特大（m/座）	大桥（m/座）	中、小桥（m/座）	涵洞（m/道）			特大（m/座）	大桥（m/座）	中、小桥（m/座）	涵洞（m/道）
××互通												
××互通												
××互通												

2. 分离式立交

分离式立交××m/××处。具体情况见表5。

分 离 式 立 交　　表5

序号	中心桩号	名称	桥面净宽（m）	全桥宽（m）	跨径布置（m）	桥长（m）	结构类型		备注
							上部构造	下部构造及基础	
1	K××	××分离式立交	××	××	××××××+×××××	××	先简支后结构连续预应力混凝土T梁	空心墩、矩形墩，柱式台，桩基础	高架桥
2	K××	××分离式立交	××	××	××××××+×××××	××	先简支后桥面连续预应力混凝土T梁	柱式墩，柱式台，桩基础	兼汽通
3	K××	××分离式立交	××	××	××××××+×××××	××	先简支后桥面连续预应力混凝土T梁	柱式墩，柱式台，桩基础	高架桥

3. 通道（不含互通范围）

盖板通道××m/××座，……。

4. 连接线：

××km/××处，……。

（五）隧道

共设隧道××座，其中：分离式隧道××座，单洞合计长××m（其中左洞长××m，右洞长××m），建筑限界高××m，净宽××m，全洞设置××处车行横洞，××处人行横洞；设连拱隧道××座，洞身合计长××m，建筑限界高××m，净宽××m；……。采用削竹式和端墙式洞口，纵向射流式通风……。具体情况见表6。

隧　道　　表6

隧道名称	隧道形式	洞口形式	通风形式	左洞长（m）	右洞长（m）	平均洞长（m）
××隧道	左右线 分离布设	削竹式	诱导式（射流风机） 纵向通风			
……						

（六）机电、交通工程

1. 机电工程

由监控、通信、收费和供电照明等系统组成，全线采用封闭式收费制式，纳入××联网收费区域，采用“监控中心-监控外场”二级监控信息体制结构。全线设××处通信中心，××处无人通信站；设××处匝道收费站，共计××条收费车道（其中MTC××条，ETC××条）；设××处监控中心，门架式可变情报板××套，……。

2. 交通安全设施

设波形护栏××m，交通标志××处，隔离栅××m，路面标线××m^2，突起路标××个，轮廓标××个，……。

（七）管理、养护及服务房屋

1. 收费站

除××为主线收费站外，其余均为互通匝道设站。设收费站共××处，分别为××收费站、……。合计建筑面积××m^2，占地××亩。

2. 管理中心

设××管理中心××处，实施建筑面积××m^2，占地××亩。

3. 服务区

设××服务区××处，合计建筑面积××m^2，占地××亩。

4. 养护工区

设××养护工区××处，合计建筑面积××m^2，占地××亩。

5. 收费广场

设收费广场××处，大棚建筑面积××m^2，收费车道××道。

……

管理及附属设施实际实施房建规模建筑面积××m^2（不含收费雨棚投影面积××m^2），占地××亩。

四、重大、较大设计变更情况

实施阶段主要的重大、较大设计变更情况见表7。

重大、较大设计变更　　表7

序号	工程类别	名　称	审批情况		合同结算情况		备　注
			文号	批复金额（万元）	变更编号	结算金额（万元）	
1	路基工程	K××+×××～K××+×××软基处理设计变更	粤交基〔××〕××号				如结算金额超过批复金额，应说明具体原因
2		K××+×××～K××+×××边坡防护设计变更	粤交基〔××〕××号				控制在批复金额以内
3	桥梁工程	××大桥工程设计变更	粤交基〔××〕××号				如结算金额超过批复金额，应说明具体原因
4		K××+×××～K××+×××路改桥设计变更	粤交基〔××〕××号				控制在批复金额以内
5		……					

超出批复金额原因说明：

（1）K××～K××边坡防护设计变更：××××年××月，广东省交通运输厅批复该项设计变更（粤交基〔××〕××号），同意边坡加固方案，批复设计变更预算增加费用××万元。实际结算费用为××万元，超厅批复××万元。超出原因主要为××。

（2）K××～K××路改桥设计变更：××××年××月，广东省交通运输厅批复该项设计变更（粤交基〔××〕××号），同意路改桥设计变更方案，批复设计变更预算增加费用××万元。实际结算费用为××万元，超厅批复××万元。超出原因主要为××。

……

五、竣工决算审核意见

项目公司于××××年××月编制完成了该项目竣工决算报告，报告编制基本符合交通运输部及广东省交通运输厅竣工决算报告编制的有关规定，编制较完整、规范，资料较齐全。报出该项目竣工决算总造价为××万元，其中建筑安装工程费××万元。

×××（单位）审核核增（减）费用××万元，核定竣工决算总造价为××万元。具体说明如下。

（一）建筑安装工程费

该项目建筑安装工程费基本按合同条款约定的工程量清单加变更原则办理结算。经审核，变更及结算资料较完整、规范，但存在××、××、××、××等问题。送审建筑安装工程费用××万元，审核核增（减）××万元，核定费用××万元。

1. 临时工程

送审费用为××万元，审核同意送审费用。

2. 路基工程

送审路基工程费用为××万元，我司审核核增（减）××万元，核定费用为××万元。审核核增（减）主要为部分结算工程数量有误，如部分标段路基土石方数量与施工图数量不符，多/少计费用××万元、……。

3. 路面工程

送审路面工程费用为××万元，审核核增（减）××万元，核定费用为××万元。审核核增（减）主要为……。

4. 桥梁、涵洞工程

……

（二）土地使用及拆迁补偿费

送审决算费用为××万元，审核核增（减）××万元，核定费用为××万元。审核核增（减）主要为……。

（三）工程建设其他费

1. 建设项目管理费

送审决算费用为××万元，审核核增（减）××万元，核定费用为××万元。其中：

（1）建设单位（业主）管理费：送审决算为××万元，审核核增（减）××万元，核定费用为××万元。主要为调增列入设备及工具、器具购置费中××费用××万元至本项；调增列入××费中的××费用××万元至本项。

（2）建设项目信息化费：送审费用为××万元，同意送审费用。

（3）工程监理费：送审决算为××万元，审核核增（减）××万元，核定费用为××万元。审核核增（减）主要是……。

（4）设计文件审核费：送审决算为××万元，审核同意送审费用。

（5）竣工验收试验检测费：送审决算为××万元，审核核增（减）××万元，核定费用为××万元。审核核增（减）主要是……。

2. 研究试验费

送审决算××万元，审核核增（减）××万元，核定费用为××万元。审核核增（减）主要为……。

3. 建设项目前期工作费

送审决算费用为××万元，根据实际结算，审核核增（减）××万元，核定结算为××万元。主要是……。

4. 专项评价（估）费

送审决算为××万元，根据实际结算，审核核增（减）费用××万元，核定专项评价（估）费用为××万元。核定结算为××万元。主要是……。

……

（四）预留费

送审决算预留建设单位管理费××万元，审核核增（减）××万元，核定费用为××万元。审核核增（减）的预留费用中竣工决算审核费用为××万元，已在××费下按实际发生计列。

（五）建设期贷款利息

送审建设期贷款利息为××万元，审核核增（减）××万元，核定费用为××万元。审核核增（减）主要是根据建设单位提供的财务报表数据核增漏计利息××万元，……。

（六）审核结论

综上，送审××公路工程竣工决算总费用为××万元，审核核增（减）××万元，核定该项目竣工决算总费用为××万元（含建设期贷款利息××万元），平均每公里造价为××万元。

六、概算执行情况分析

核定××公路工程竣工决算总造价为××万元（含建设期贷款利息××万元），对比批复概算××万元（含建设期贷款利息××万元）增加（减少）投资××万元，核增（减）幅约××%。

主要是建筑安装工程费超××万元、土地使用及拆迁补偿费超××万元、建设单位管理费超××万元……。主要原因为……。**（根据概算对比情况，说明变化主要原因）**

七、其他

……

审核单位（盖章）

××××年××月 ××日

（联系人：××，联系电话：××）

审核表（概预算格式）

建设项目名称：　　　　单位：元　　　　**竣审1表**

工程或费用编码	工程或费用名称	批复概算	送审决算	调整费用	审核决算	与批复费用对比	备注
1	2	3	4	5	6 = 4 + 5	7 = 6 - 3	8
1	第一部分　建筑安装工程费						
2	第二部分　土地使用及拆迁补偿费						
3	第三部分　工程建设其他费						
4	第四部分　预留费						
5	第一至四部分合计						
6	第五部分　建设期贷款利息						
	代扣代付项目增减建设成本						
7	公路总造价						

填表说明：

如采用一阶段施工图设计，“批复概算”列填“批复预算”。

编制：　　　　复核：

审核表（合同格式）

建设项目名称：　　　　　　　　　　单位：元　　　　　　　　　　竣审2表

序号	工程（或合同段）名称	批复概算	送审决算	调整费用	审核决算	与批复费用对比	备注
1	2	3	4	5	6 = 4 + 5	7 = 6 − 3	8
第一部分　建筑安装工程费							
1							
2							
3							
	……						
第二部分　土地使用及拆迁补偿费							
	……						
第三部分　工程建设其他费				填表说明：如采用一阶段施工图设计，“批复概算”列填“批复预算”。			
1							
2							
3							
	……						
第四部分　预留费							
	……						
第一至四部分合计							
第五部分　建设期贷款利息							
代扣代付项目增减建设成本							
公路总造价							

编制：　　　　　　　　　　　　　　　　复核：

审核调整过程汇总表

建设项目名称：　　　　编制范围：　　　　单位：元　　　　**竣审 3 表**

工程或费用编码（或清单子目编码）	工程或费用名称（或清单子目名称）	送审决算	调整费用	审核决算	调整比例（%）	备注
1	2	3	4	5 = 3 + 4	6 = 4 ÷ 3	7
1	第一部分　建筑安装工程费					
101	临时工程					
10101	临时道路					
1010101	临时道路（修建、拆除与维护）					
（清单子目编码）	（清单子目名称）					
……	……					
102	路基工程					
10201	场地清理					
（清单子目编码）	（清单子目名称）					
……	……					

填表说明：
1. 本表所列内容为示例，第 1 ~ 2 列应结合相应批复概（预）算及合同工程量清单文件，并遵循附录 B，按实际填写。“工程或费用编码（或清单子目编码）”列填写工程或费用项对应的工程或费用编码、清单子目编码。
2. 本表为各个标段费用项目或工程量清单发生调整的汇总，数据来源为竣审 3-1-i 表。

编制：　　　　　　　　复核：

审核调整费用基础表-第 *i* 合同段

建设项目名称： 合同段： 单位：元 竣审 3-1-*i* 表

工程或费用编码	工程或费用名称	单位	送审决算			审核决算			调整金额（+，-）	调整原因及依据
			数量	单价	合价	数量	单价	合价		
1	2	3	4	5	6 = 4 × 5	7	8	9 = 7 × 8	10 = 9 - 6	11
1	第一部分　建筑安装工程费									
101	临时工程									
10101	临时道路									
……										
102	路基工程									
10201	场地清理									
1）	变更令：×××									
（清单编号）	清单名称									
……										
2）	变更令：×××									
（清单编号）	清单名称									
……										
10202	路基挖方									
1）	变更令：×××									
（清单编号）	清单名称									
……										
2）	变更令：×××									
（清单编号）	清单名称									
……										
10203	路基填方									

填表说明：

本表为建安主体合同的审核基础表，对审核过程中的调整费用情况进行记录，应根据调整费用的原因归类并纳入表中。

审核调整费用基础表-第 i 合同段

建设项目名称：　　　　合同段：　　　　单位：元　　　　续上表

工程或费用编码	工程或费用名称	单位	送审决算			审核决算			调整金额（+，-）	调整原因及依据
			数量	单价	合价	数量	单价	合价		
1）	变更令：×××									
（清单编号）	清单名称									
……										
2）	变更令：×××									
（清单编号）	清单名称									
……										
103	路面工程									
（参照路基工程计列）										
104	桥梁涵洞工程									
（参照路基工程计列）										
105	隧道工程									
（参照路基工程计列）										
106	交叉工程									
（参照路基工程计列）										
……										
（参照路基工程计列）										
实施阶段发生的其他费用项目										
……										
2	第二部分　土地使用及拆迁补偿费									
……										

审核调整费用基础表-第 i 合同段

建设项目名称：　　　　合同段：　　　　单位：元　　　　续上表

工程或费用编码	工程或费用名称	单位	送审决算			审核决算			调整金额（+，−）	调整原因及依据
			数量	单价	合价	数量	单价	合价		
……										
3	第三部分　工程建设其他费									
……										
4	第四部分　预留费									
……										

编制：　　　　复核：

审核调整费用基础表-代扣代付项目冲减建设成本

建设项目名称：　　　　单位：元　　　　**竣审 3-2 表**

序号	费用名称	合同（或结算）编号	单位名称	送审决算			审核决算			备注
				代扣	代付	差额	代扣	代付	差额	
1	2	3	4	5	6	7 = 6 − 5	8	9	10 = 9 − 8	11
	代付项目管理软件使用费	第 i 合同段	××××							
		……								
	……									
合计										

填表说明：
1. 本表为代扣代付项目冲减建设成本的审核基础表，对审核过程中的调整费用情况进行记录。
2. 本表针对工程结算过程中，存在部分由建设管理单位代为扣款（如税金、工程保险费等）的费用项目计入了工程结算费用的情况。编制竣工决算时，应将这类代扣款和其实际支出相互抵充，差额列入工程决算中。根据项目具体情况填写代扣代付项目。
3. 表中“代扣”“代付”均按绝对值填写。

编制：　　　　复核：

竣工决算文件符合性核查表

竣审 4 表

建设项目名称						
编制范围						
审核单位						
类型	序号	资料名称	纸质版		电子版	说明
			有（√） 无（×）	份数	有（√） 无（×）	栏中的√表示已提供；×表示未提供；/为无需提供
竣工决算文件	一	竣工决算报告				
	（一）	建设项目地理位置图				
	（二）	竣工决算报告编制说明				
	（三）	甲组文件表格				
	1	工程概况表				
	2	财务决算表				
	（1）	资金来源情况表				
	（2）	交付使用资产总表				
	（3）	交付使用资产明细表				
	（4）	待摊投资明细表				
	（5）	待核销基建支出明细表				
	（6）	转出投资明细表				
	3	建设项目竣工决算汇总表（合同格式）				
	（1）	工程结算费用表（合同清单格式）				
	4	建设项目竣工决算汇总表（概预算格式）				
	（1）	工程结算费用表（项目清单格式）				
	（2）	土地使用及拆迁补偿费结算汇总表				

竣工决算文件符合性核查表

续上表

类型	序号	资料名称	纸质版 有（√）无（×）	纸质版 份数	电子版 有（√）无（×）	说明 栏中的√表示已提供；×表示未提供；/为无需提供
建设项目名称						
编制范围						
审核单位						
竣工决算文件	(3)	土地使用及拆迁补偿费结算表				
	(4)	建设单位（业主）管理费汇总表				
	(5)	其他合同（费用）结算汇总表				
	(6)	××类合同（费用）结算表				
	(7)	预留费用登记表（含尾工工程）				
	(8)	建设期贷款利息汇总表				
	(9)	代扣代付项目增减建设成本汇总表				
	5	全过程造价对比表				
	6	土地使用及拆迁补偿费工程造价执行情况对比表				
	(四)	乙组文件表格				
	1	建筑安装工程费				
	(1)	第 i 合同段工程结算文件（$i=1, 2, \cdots, n$）				
	(2)	建筑安装工程其他费用结算文件				
	2	土地使用及拆迁补偿费				
	(1)	第 i 合同段土地使用及拆迁补偿结算文件（$i=1, 2, \cdots, n$）				
	3	工程监理费				
	(1)	第 i 合同段工程监理费结算文件（$i=1, 2, \cdots, n$）				

竣工决算文件符合性核查表

续上表

建设项目名称						
编制范围						
审核单位						
类型	序号	资料名称	纸质版 有（√）无（×）	纸质版 份数	电子版 有（√）无（×）	说明 栏中的√表示已提供；×表示未提供；/为无需提供
竣工决算文件	4	勘察设计费				
	(1)	第 i 合同段勘察设计费结算文件（$i=1，2，\cdots，n$）				
	5	其他费用结算文件				
	(1)	××合同费用结算表				
	6	竣工决算基础资料				不另行出版
	二	辅助表格				
	1	标段基本情况表				
	2	工程变更台账汇总表				
	(1)	工程变更台账表				
	3	主要技术标准及工程规模统计表				
	4	各阶段主要工程规模对比表				
	5	建设期贷款利息计算表				
	6	合同支付台账表				
	三	其他资料				
	编审阶段进行的现场调查资料、工程数量费用核查等过程记录资料及编制、审核单位认为需要提供的其他资料					
	竣工决算文件资料内容基本完整，已提交的资料格式基本规范，详见说明。					

竣工决算文件符合性核查表

续上表

建设项目名称	
编制范围	
审核单位	
审核意见	经审核，意见如下： 一、竣工决算文件的编制，基本符合现行国家、行业、地方政府有关法律、法规和规定要求。 …… 二、竣工决算文件的资料基本完整、格式基本规范，但存在以下主要问题： …… （审核单位） ××××年××月××日

编制：　　　　　　复核：

8

造价执行情况报告

××公路工程造价执行情况报告
（参考格式）

一、项目批复情况

××年××月××日，广东省发展和改革委员会批复××高速公路项目申请报告核准。项目主线长约××km，由××共线扩建段和新建段两部分组成。其中，××共线扩建段长约××km，起点位于××高速公路××枢纽互通，于××镇××村附近接新建段。新建段长约××km，起点于××镇××接××共线扩建段，终于××镇。项目投资估算约为××万元。（项目立项核准情况）

××年××月××日，广东省交通运输厅批复××高速公路初步设计。批复项目线路长约××km，由××共线扩建段及新建段两部分组成。其中，××共线扩建段起于××枢纽，于××互通连接新建段，路线长××km。××高速新建段起于××互通，终于××村，路线长约××km，采用双向六车道高速公路标准，设计速度××km/h，路基宽度××m。设特大桥××m/××座、大桥××m/××座（含分离式立交主线上跨桥），设隧道××m/××座（按双洞平均长计），设互通立交××处（其中临时出入口××处，预留立交××处），设××连接线约××km，同时含××互通立交在××共线扩建段的变速车道及渐变段部分的加宽工程。批复设计概算为××万元。其中，××共线扩建段设计概算为××万元，新建段设计概算为××万元。（项目初步设计批复情况）

××××年××月××日，广东省发展和改革委员会复函同意调整××高速公路建设规模。××高速公路项目起点由××高速公路××枢纽互通调整至××枢纽互通，项目路线全长由约××km调整为约××km，投资规模由约××万元调整为约××万元。

二、结算审核及审计情况

××高速公路项目于××××年××月××日建成通车营运。各主要施工标段已完成工程结算，××××年××月××日完成项目竣工决算报告的编制工作，编制竣工决算费用为××万元，其中，建筑安装工程费××万元，土地使用及拆迁补偿费××万元，工程建设其他费××万元，预备费××万元，建设期贷款利息××万元。

××××年××月××日，××完成项目内部审计并形成审计报告，核定该项目竣工决算费用为××万元，其中，建筑安装工程费××元、土地使用及拆迁补偿费××万元、工程建设其他费用××万元、建设期贷款利息××万元。核定决算每公里造价为×

×万元。对比编制决算内审核定项目竣工决算费用减少××万元，减少主要为工程量计算错误、未按计量规则计算、实际施工与结算不符、单价不合理、未按合同条款执行、部分现场未实施，多列征拆费、保险费等原因。

××高速公路项目经审定后的竣工决算为××万元，对比批复初步设计概算××万元减少××万元，减少幅度为××%。

三、造价变化情况分析

（一）影响本项目造价变化的主要原因

1. 初步设计概算到施工图预算的主要变化

（1）路基工程方面

概算为××万元，平均指标××万元/km，施工图设计预算为××万元，平均指标为××万元/km，对比概算增加××万元。其中主要原因为：①桥隧比降低，路基长度增加，土石方方量增加，增加约××万元；②批复概算特殊路基处理××万元，约××万/km，施工图预算为××万元，约××万/km，较概算增加约××万元，主要原因是施工图设计中软基处理方案变化，换填、管桩处理、素混凝土桩处理、气泡轻质土处理等软基处理工程量增加，袋装砂井处理、水泥搅拌桩处理等软基处理工程量减少；③取消填石路基处置，增加填挖交界、桥头路基、高填方路段、不良土路段、溶洞处理等工程数量；④防护工程概算为××万元，施工图预算为××万元，较概算减少××万元，主要是结合地质情况调整边坡防护结构，防护工程规模减小。

（2）路面工程方面

批复概算为××万元，施工图预算为××万元，较批复概算增加××万元，主要是桥改路及路面结构层变化增加费用。

（3）桥梁、隧道工程方面

桥隧比从初步设计的××%降低到××%。桥梁工程对比概算减少造价约××万元，隧道工程对比概算减少造价××万元。初步设计设特大桥××m/××座、大桥××m/××座（含分离式立交主线上跨桥），设隧道××m/××座，桥隧比为××%。施工图阶段优化设计减少后，桥梁总长度为××m（取双幅平均值），占路线总长的比例为××%，隧道总长为××m/××座（折合双洞，下同），占路线总长的比例为××%。桥梁工程减少约××m/××座，初步设计阶段平均指标为××万元/m^2，施工图阶段平均指标为××万元/m^2；施工图设计优化后，隧道工程对比初步设计阶段减少××m/××座。

（4）交叉工程方面

批复概算为××万元，施工图预算为××万元，减少造价约××万元，主要是概算指标高。

（5）临时工程、房建及附属工程方面

临时工程概算指标低，施工图预算指标高，增加造价约××万元；房建工程概算指标低，施工图预算指标高，增加造价约××万元；交安工程概算指标高，施工图预算指标低，减少造价约××万元；绿化工程概算指标高，施工图预算指标低，减少造价约××万元。

本项目批复概算建筑安装工程费为××万元，施工图设计阶段建筑安装工程费为××万元，对比批复概算减少约××万元。

2. 施工图预算到竣工决算的主要变化

从施工图预算到竣工决算的建安费变化主要是招投标节余（批复施工图预算建筑安装工程费××万元，招投标后各合同段建筑安装工程费总计××万元，较批复施工图预算减少××万元，减幅为××%）、设计变更（增加××万元）、材料调差（甲供调差减少××万元，非甲供调差增加××万元，合计减少××万元）、审计核减（内部审计核减××万元，上级审计核减××万元，合计核减××万元）等方面的因素影响。主要造价变化情况如下：

（1）路基工程方面

路基工程施工图预算为××万元，平均指标为××万元/km，竣工决算为××万元，平均指标为××万元/km，对比施工图阶段减少××万元。主要原因为：①全线高液限土约××万 m^3，经施工单位试验段数据验证后，实现了充分有效利用，用于93区以下路基的填筑；②通过对全线地质情况详细核查，减少纵向填挖交界处及横向斜、陡坡和高路堤等处设置的土工格栅，减少高填方路段处理工程量，增加了岩溶洞处理工程数量；③对软基处理方案进行了动态优化设计，管桩、素混凝土桩处理工程量大幅减少；④取消高陡坡路基处治、高填土桥台处理部分工程量。

（2）路面工程方面

批复施工图预算为××万元，竣工决算为××万元，费用基本持平。

（3）桥梁、隧道工程方面

桥梁工程实际实施时增加××m/××座，且施工图预算平均指标为××万元/m，决算平均指标为××万元/m，主要是招标节余及材料价格变化引起的差异。施工过程中隧道围岩级别进一步明朗，决算对比预算减少造价××万元。施工图设计阶段设大桥××m/××座、中小桥××m/××座，设隧道××m/××座，桥隧比为××%。实施时经变更设计后，桥梁总长度为××m（取双幅平均值），占路线总长的比例为××%，隧道总长为××m/××座（折合双洞，下同），占路线总长的比例为××%，总体规模变化不大。

（4）交叉工程方面

批复施工图预算××万元，实际决算××万元，较批复预算减少××万元，主要是招标节余和局部设计变更引起。

（5）临时工程、房建及附属工程方面

临时工程施工图预算指标高，决算指标低，减少造价约××万元；房建工程施工图预算指标高，决算指标低，减少造价约××万元；交安工程施工图预算指标低，决算指标高，增加造价约××万元；绿化工程施工图预算指标低，决算指标高，增加造价约××万元。

(6) 建安工程其他费用方面

施工图预算××万元，实际决算××万元，较施工图预算增加××万元，主要为实施阶段增加了工程管理专项费用、材料价差调整、奖罚金、工程补偿费用、零星工程、尾工工程等。

本项目批复施工图设计预算建筑安装工程费为××万元，实际决算建筑安装工程费为××万元，对比批复预算减少约××万元。

3. 涉及共线段投资界面变化

依据省交通集团粤交集投〔××〕××号、粤交集投〔××〕××号文件精神，对××共线段投资界面重新进行了划分，将××共线段主线约××km及××互通式立体交叉的左线、××匝道划分给××扩建段，以便于后期营运管理，上述原因引起××新建段实际决算减少约××万元。

4. 土地征用及拆迁补偿费

实际完成决算××万元，对比批复概算××万元，增加费用××万元，主要是实际征地××亩，平均单价为××万元/亩，批复用地××亩，单价为××万元/亩；拆迁房屋实际数量××m^2，平均单价为××元/m^2，批复数量××m^2，平均单价为××元/m^2。

5. 建设期贷款利息

本项目批复概算建设期贷款利息为××万元，实际由于建筑安装工程费减少，且贷款利率下调的因素，本项目实际发生的建设期贷款利息为××万元，较批复概算减少约××万元。

6. 预留费用

本项目批复概算为××万元，批复施工图预算为××万元，实际决算发生××万元，实际较批复概算减少××万元。

(二) 各分项工程竣工决算与批复概算的对比情况

第一部分 建筑安装工程费

1. 临时工程

……

2. 路基工程

……

3. 路面工程

……

4. 桥梁涵洞工程

……

5. 交叉工程

……

6. 隧道工程

……

7. 交通工程及沿线设施

……

8. 绿化及环境保护工程

……

9. 其他工程

……

10. 专项费用

……

第二部分 土地使用及拆迁补偿费

……

第三部分 工程建设其他费

1. 建设项目管理费

……

2. 研究试验费

……

3. 建设项目前期工作费

……

4. 专项评价（估）费

……

5. 工程保通管理费

……

第四部分 预备费

……

第五部分 建设期贷款利息

（决算与概算对比，原因分析）

四、项目造价管理措施及经验

（一）前期设计阶段造价控制措施

（注重设计多方案技术经济比选、加强对投资估算、设计概预算审核，推动限额设计等。可举例）

（二）在招投标工作中控制造价

项目严格贯彻执行《公路建设四项制度实施办法》，全面落实工程招投标制度、项目法人制度、合同管理制度、工程监理制度等。项目的设计、监理、施工均采用国内公开招标确定，合理划分标段，确保市场竞争充分性。

（三）在征地拆迁和施工图设计阶段严控造价

在征地和房屋拆迁工作中，按照包干单价的方式与地方国土部门签订征地拆迁包干合同；在征地拆迁补偿谈判方面，通过上级主管部门、地方政府的协调，工作落实落细，充分发挥设计工作在整个项目造价控制中的能动作用，在施工图设计方面狠下功夫，加强现场勘探工作，加强对初步设计和施工图设计的审查工作，施工图质量比较高。在招标前，召集骨干技术人员认真编制项目工程量清单，清单内容覆盖了项目的全部工作内容。因此在项目实施后，除受征地拆迁因素影响外，重大工程变更较少。

（四）严格控制工程变更

1. 制订《××高速公路变更管理办法》，作为规范性文件写入项目招标及合同文件。

2. 运用计算机技术进行变更管理工作

开发项目管理系统开展变更审批工作。通过计算机精确的流程设计，确保了及时审批变更，有效避免了出现错误及人为因素。

3. 根据工程的实际及时进行优化设计

在满足工程质量和使用功能的要求下，通过优化设计，减少工程造价。在路基工程方面分别对软基处治、路堑边坡进行了逐段、逐坡动态设计优化工作，对路基范围内高液限土进行了合理化直接利用。桥梁工程方面主要从天桥、桥梁跨径、现浇改预制、岩溶区桩基等角度进行了设计优化。

（五）规范工程计量支付行为

1. 建立计量支付制度，使计量支付做到有章可循

……

2. 运用计算机进行计量支付管理工作

……

3. 建立严密的计量支付审批程序

……

4. 严格按合同规定开展计量支付工作

……

（六）严格合同管理

1. 依法制订合同，严格按合同办事

……

2. 制订严密的合同审批程序

……

3. 推行工程建设与廉政建设双合同制度

……

（七）做好统一供应材料管理

采取各种有效措施做好统一供应材料管理，并通过招标以及规范的管理，在市场材料供应紧张的情况下，保证项目材料的按时、保质、保量供应，避免因材料供应问题影

响项目的开展。同时严格按合同规定及时进行差价调整，保障材料的价格浮动在风险共担的原则上合理调控。

五、造价管理问题及建议

针对项目在造价管理过程中遇到的难点和困难，在各阶段造价控制环节的不足，进行剖析，提出合理化建议。

附表：1. 工程概况表
　　　2. 全过程造价对比表
　　　3. 建设项目造价管理质量评价表

××公司（盖章）
××××年××月××日

工程概况表

第　页　共　页　　　　**竣 1 表**

<table>
<tr><td colspan="2">建设项目名称</td><td colspan="6"></td><td colspan="2">工 程 规 模</td><td colspan="4">主要工程数量</td></tr>
<tr><td colspan="2">项目地址或地理位置</td><td colspan="6"></td><td>主线公路里程（km）</td><td></td><td>工程名称</td><td>单位</td><td>设计</td><td>竣工</td></tr>
<tr><td rowspan="2">建设起止时间</td><td>计划</td><td colspan="6">从　年　月　日开工至　年　月　日交工</td><td rowspan="2">支线、联络线里程（km）</td><td rowspan="2"></td><td>路基土石方</td><td>m^3</td><td></td><td></td></tr>
<tr><td>实际</td><td colspan="6">从　年　月　日开工至　年　月　日交工</td><td>特殊路基处理</td><td>km</td><td></td><td></td></tr>
<tr><td colspan="2">立项批复（核准）情况</td><td>部门</td><td></td><td>日期</td><td></td><td>文号</td><td></td><td colspan="2">主要技术标准</td><td>路基排水圬工</td><td>m^3</td><td></td><td></td></tr>
<tr><td colspan="2">初步设计批复情况</td><td>部门</td><td></td><td>日期</td><td></td><td>文号</td><td></td><td>公路等级</td><td></td><td>路基防护圬工</td><td>m^3</td><td></td><td></td></tr>
<tr><td colspan="2">施工许可情况</td><td>部门</td><td></td><td>日期</td><td></td><td>文号</td><td></td><td>设计速度（km/h）</td><td></td><td>路面工程</td><td>m^2</td><td></td><td></td></tr>
<tr><td colspan="2" rowspan="2">交工验收情况</td><td>部门</td><td></td><td>日期</td><td></td><td>文号</td><td></td><td>设计荷载</td><td></td><td>大、特大桥</td><td>m/座</td><td></td><td></td></tr>
<tr><td colspan="2">工程质量评分</td><td colspan="4"></td><td>路基宽度（m）</td><td></td><td>中、小桥</td><td>m/座</td><td></td><td></td></tr>
<tr><td colspan="2">建设单位</td><td colspan="6"></td><td>隧道净宽（m）</td><td></td><td>涵洞</td><td>m/道</td><td></td><td></td></tr>
<tr><td colspan="2">质量监督机构</td><td colspan="6"></td><td>地震动峰值系数</td><td></td><td>隧道</td><td>m/座</td><td></td><td></td></tr>
<tr><td colspan="2">主要设计单位</td><td colspan="6"></td><td></td><td></td><td>平面交叉</td><td>处</td><td></td><td></td></tr>
<tr><td colspan="2">主要监理单位</td><td colspan="6"></td><td></td><td></td><td>通道、天桥</td><td>座</td><td></td><td></td></tr>
<tr><td colspan="2">主要施工单位</td><td colspan="6"></td><td colspan="2">土地使用及拆迁</td><td>分离式立交</td><td>处</td><td></td><td></td></tr>
<tr><td colspan="8">费用情况（万元）</td><td>批复用地（亩）</td><td></td><td>互通式立交</td><td>km/处</td><td></td><td></td></tr>
</table>

工 程 概 况 表

第　页　　共　页　　　　　　　　续上表

工程或费用名称		批准概算	竣工决算	增减金额	永久占用土地（亩）			支线、联络线长度	km		
1	建筑安装工程费				实际拆迁房屋（m^2）			管理及养护房屋	m^2/处		
101	临时工程				工、料、机消耗						
……	……				主要人工消耗（工日）	设计		主要机械消耗（台班）		设计	
						实际				实际	
					主要材料消耗	钢材（t）	设计		水泥（t）	设计	
							实际			实际	
						沥青（t）	设计		碎石、砂（m^3）	设计	
							实际			实际	
						汽、柴油（t）	设计		电（kW·h）	设计	
							实际			实际	
					主要尾工工程	工程内容或名称		预计投资（万元）	主要工程数量	预计完成时间	
					总决算造价指标（万元/km）						
公路总造价					建安费造价指标（万元/km）						

编制：　　　　　　　　　　复核：　　　　　　　　　　建设单位负责人：

填表说明：

1. “主要工程数量”和“工、料、机消耗”中的“设计”是指批复的设计工程量。若只有一阶段设计，为批复的施工图设计数量；若是两（或三）阶段设计，为批复的初步设计数量（修正设计数量）。
2. “工、料、机消耗”中的“实际”是指批复的施工图设计（含设计变更）的工、料、机消耗。
3. “费用情况”中，如建设项目为一阶段设计，“批准概算”栏应填入批准施工图预算；如建设项目有技术设计阶段，“批准设计概算”栏应填入批准修正概算。
4. “主要技术标准”栏，当主线和支线、联络线采用不同标准时，可以××/××分别统计。

全过程造价对比表

建设项目名称：　　　　　　　　　　第　页　共　页　　　　竣 5 表

工程或费用编码	工程或费用名称	单位	工可		初步设计		施工图设计		合同			决算			增减幅度（%）		备注
			数量	金额	数量	金额	数量	金额	数量	单价	合价	数量	单价	合价	数量	费用	
1	2	3	4	5	6	7	8	9	10	11	12	13	14	15	①16 = [（13 − 6）÷ 6] × 100% ②16 = [（13 − 8）÷ 8] × 100%	①17 = [（15 − 7 ÷ 7] × 100% ②17 = [（15 − 9）÷ 9] × 100%	18

填表说明：

1. 本表内容应能实现从项目决策至竣工各阶段费用项目的对比，并与实施阶段的造价台账汇总表的内容相对应。
2. “增减幅度”指决算对比初步设计概算的增减，当批复费用为一阶段施工图设计时，第 16、17 列采用公式②。
3. 本表中单价项单位为“元”，合价项根据项目大小以“元”或“万元”为单位，所有阶段合价单位应统一。

编制：　　　　　　　　复核：　　　　　　　　建设单位负责人：